理论热点面对面 2012

辨论看务实办

□ 中共中央宣传部理论局

学习出版社
人民出版社

图书在版编目（CIP）数据

辩证看 务实办：理论热点面对面·2012 / 中共中央宣传部理论局编.
–北京：学习出版社，人民出版社，2012.6
ISBN 978-7-5147-0238-5

Ⅰ. ①辩… Ⅱ. ①中… Ⅲ. ①思想政治教育－中国－学习参考资料
Ⅳ. ①D64

中国版本图书馆CIP数据核字(2012)第117418号

辩证看 务实办——理论热点面对面 · 2012
BIANZHENG KAN WUSHI BAN——LILUN REDIAN MIANDUIMIAN·2012
中共中央宣传部理论局

责任编辑：边 极 娜 拉
技术编辑：周媛卿 贾 茹
版式设计：缪 惟 何 杰 杨 洪
封面设计：盛世华光 010-64037576

出版发行：学习出版社 人民出版社
北京市崇外大街11号新成文化大厦B座11层（100062）
010-66063020 010-66061634
经 销：新华书店
印 刷：河北新华第二印刷有限责任公司

开 本：710毫米 × 1000毫米 1/16
印 张：8.75
字 数：92千字
版次印次：2012年6月第1版 2012年6月第1次印刷

书 号：ISBN 978-7-5147-0238-5
定 价：16.80元

出 版 说 明

为深入回答当前干部群众普遍关注的热点问题，我们组织中央有关部门和专家学者，在认真调研的基础上，围绕收入差距如何缩小、房地产调控如何坚持、看病费用如何降低、素质教育如何推进、道德风气如何提升、食品安全如何保障、环境污染如何遏制、反腐倡廉如何深化等八个问题，撰写了《辩证看 务实办——理论热点面对面·2012》这本通俗理论读物。该书紧密联系经济社会发展新形势，紧密联系干部群众的思想实际，对这八个问题作了有针对性、有说服力的回答，观点权威准确，文风亲切朴实，图文并茂，可读性强，是干部群众、青年学生进行理论学习和开展形势政策教育的重要辅导读物。

中共中央宣传部理论局

2012年6月

CONTENTS

目录

1 共建共享促和谐

——收入差距如何缩小

2012年，您最关注什么?

——央视经济生活大调查显示，收入改善位居榜首，缩小贫富差距列在次席。这是对104个城市300个县居民抽样调查的结果。

——新华网全国“两会”调查显示，缩小贫富差距排在22个选项之首。这是对400多万网友调查的结果。

可见，无论网上还是网下，收入差距都是人们最为关注的热点话题。因为它涉及我们每个人的“钱袋子”，关系千家万户的“好日子”。中国特色社会主义是全体人民共同为之奋斗的事业，也是为全体人民造福的事业。只有在做大“蛋糕”的同时分好“蛋糕”，让全体人民共享改革发展成果，才能切实维护公平正义、促进社会和谐。

◎ 差距扩大趋势为何难扭转

2012年开春，一连串好消息纷至沓来：农村居民收入增速创1985年以来新高，连续两年快于城镇居民；中西部地区城乡居民收入增幅高于东部地区；18个省份居民收入增速超过GDP增速……

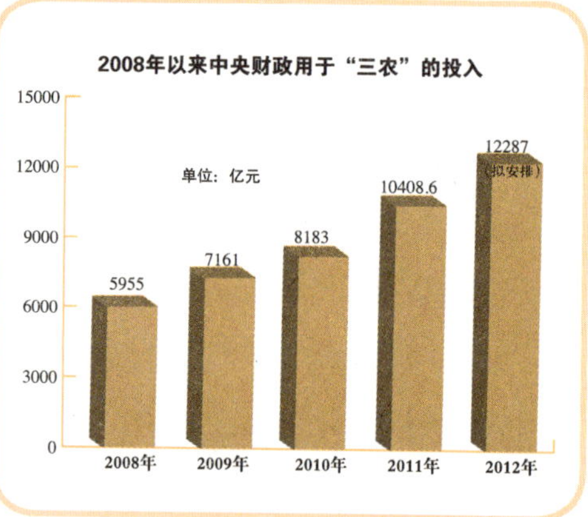

这背后，是近年来党和政府为缩小收入差距作出的巨大努力。如取消农业税，每年减轻农民负担1335亿元；将个税起征点提到3500

《中国农村扶贫开发纲要（2001—2010年）》实施后，农村贫困人口数量从9422万减少到2688万，贫困率从10.2%下降到2.8%，扶贫重点县农民人均纯收入从1276元增至3273元。2011年，中央决定将农民人均纯收入2300元（2010年不变价）作为新的国家扶贫标准，比2009年提高92%，把更多农村低收入人口纳入扶贫范围，这是社会的巨大进步。

元，明显减轻工薪阶层税负；连续8年提高企业退休人员基本养老金；大幅提高国家扶贫标准和城乡低保补助水平；等等。

2011年，农村居民人均纯收入6977元，比上年实际增长11.4%；城镇居民人均可支配收入21810元，比上年实际增长8.4%。这是继2010年后农村居民收入增速再次超过城镇居民。

但同时，收入差距扩大趋势总体上还未根本扭转。2005—2010年，从区域看，城镇居民的高低收入差距由2.33倍扩至2.41倍；从98个行业大类看，在岗职工平均工资差距由7.8倍扩至11.9倍；城乡居民收入比虽呈现缩小趋势，但绝对值仍在扩大。

人们不禁要问，为什么调节力度加大，收入差距依旧不减呢？

首先，这是一定发展阶段的产物。改革开放以来，我们处在加速向现代化迈进的过程中。国际经验表明，传统社会向现代社会转变时期，工业化和城市化的发展、市场机制择优淘劣效应等一系列因素，都会造成收入差距扩大。大多数发达国家在现代化过程中都经历过这样的阶段，随着经济持续增长和政府调节的逐步到位，经过一个时期后差距才会逐步缩小。

其次，体制机制有待完善。目前我国还处于发展转型过程中，一些体制机制方面的缺失或漏洞，成为收入差距扩大的重要原因。比如，社会主义市场经济体制还不完善，垄断等不符合公平竞争原则的因素仍然存在，拉大了行业收入差距。比如，社会保障体系不健全，农村和城市居民在享受公共服务等方面还有较大差异。还比如，某些领域的法律还不够完善，给一些人通过不正当手段牟取财富留下可乘之机，等等。

深度解读

库兹涅茨曲线

库兹涅茨曲线，是由美国著名经济学家、诺贝尔经济学奖得主西蒙·库兹涅茨在1955年美国经济协会的演讲中提出来的。他通过对18个国家经济增长与收入差距的实证分析，得出了收入分配的长期变动轨迹是“先恶化，后改进”的倒U型曲线，即在现代化过程中，经济增长早期阶段收入分配差距会迅速扩大，之后是短暂的稳定，增长的后期阶段逐渐缩小。

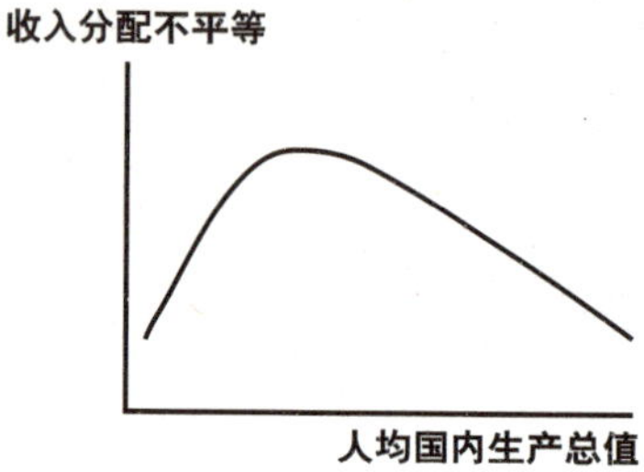

再次，分配制度改革相对滞后。初次分配中，劳动报酬正常增长机制还没有真正建立起来，劳动者工资增长赶不上企业利润增长。二次分配中，再分配调节机制不健全，财政、税收调节收入分配的功能尚未有效发挥。三次分配规模小，慈善捐赠的激励机制、管理机制、监督机制等还不完善。

国内外发展的实践证明，收入差距过大，会损害社会公平

专家点评

不公是收入差距的关键问题

李培林（中国社科院社会学研究所所长）：现在收入差距的关键问题，固然有不均问题，但更重要的是不公问题。解决不公问题，必然触及现有的利益格局，触及一些既得利益群体，这是改革难点所在。不下决心触及现有利益格局，为国家长治久安解决好分配问题，就会造成问题的积累，甚至导致哪个社会阶层都不满意。

正义，挫伤低收入群体的劳动积极性和社会认同感，影响社会阶层间的关系，既不利于经济健康运行，也不利于社会和谐稳定。必须引起高度重视，切实加以解决。

缩小收入差距，是一场利益关系的深刻调整。“十二五”规划纲要指出，要改革和完善收入分配制度，合理调整收入分配关系。2012年政府工作报告也明确提出，要抓紧制定收入分配体制改革总体方案。这都表明了党和政府努力缩小收入差距、促进分配公平的坚定决心。我们要以攻坚克难的精神，深入推进收入分配制度改革，逐步理顺收入分配关系，规范收入分配秩序，尽快扭转收入差距扩大趋势。

◎ 劳动收入怎么提高

劳动是财富之父，劳动创造世界。只有尊重劳动、尊重劳动创造的价值，使人们劳有所得、干有所值，社会发展进步才有不竭的动力。目前我国收入差距拉大的一个突出表现，就在于作为社会主体的广大普通劳动者收入偏低。

近些年来，在收入分配过程中，资本、管理、技术的收益越来越得到较为充分的体现，相比之下，劳动报酬占比却持续下降。据统计，初次分配中劳动报酬占比从1995年的51.4%下降到2007年的39.7%。尽管采取了一系列措施推动分配的天平向劳动倾斜，劳动报酬占比有所提升，但普通劳动者收入增长缓慢的状况仍未根本改变。

党的十七大强调，要提高劳动报酬在初次分配中的比重。“十二五”规划纲要进一步提出“两个同步”的目标，即居民收

劳动创造幸福生活。2011年五一国际劳动节，新华社制作的专题片《劳动创造幸福》，在北京天安门广场人民英雄纪念碑两侧的LED大屏幕亮相，受到游客好评。《劳动创造幸福》以普通群众视角，选取了100多幅反映我国各行各业普通劳动者生产、生活场景的精美图片。

入增长和经济发展同步、劳动报酬增长和劳动生产率提高同步。这都体现了尊重劳动、提高普通劳动者收入的鲜明政策导向。

增加居民收入。应理顺政府、企业、居民之间的分配关系，把“蛋糕”更多地切给居民。为此，既要做“加法”也要做“减法”。“加法”就是要加大政府公共服务投入，让公共财政惠及于民。2012年中央财政民生支出安排达13848亿元，比上年增长近20%。“减法”就是要给居民和企业减负。如2011年提高个税起征点，实行结构性减税政策支持小微企业发展，都是国家让利于民的重要举措。

提高劳动报酬。这几年，职工工资增长赶不上企业利润增长是一个普遍现象。应该形成合理的工资决定机制和正常增长机制，工资水平既要随劳动生产率提高而“水涨船高”，也不能脱离实际而盲目上涨。严格执行最低工资制度，适时调整最低工资标准，并确保工资按时足额发放。2012年，北京、天津、陕西等地再次上调了最低工资标准，上调幅度大都在20%左右。“十二五”期间，最低工资标准年均增长将达13%以上。

政策传真

加大对小微企业的财税支持力度

1.提高增值税和营业税起征点，将小型微利企业减半征收企业所得税政策，延长到2015年年底并扩大范围。
2.完善财政资金支持政策。2012年中小企业专项资金为141.7亿元，以后逐年增加。
3.依法设立国家中小企业发展基金。中央财政安排资金150亿元，分5年到位。
4.政府采购支持小型微型企业发展，份额不低于年度政府采购项目预算总额18%。
5.继续减免部分涉企收费并清理取消各种不合规收费。

——摘自《国务院关于进一步支持小型微型企业健康发展的意见》

推进集体协商。我国普通劳动者特别是在中小企业就业的进城务工人员，流动性大、组织化程度低，在工资议价中处于弱势地位。集体协商有助于增加职工发言权，改变工资由企业单方决定的状况。目前，全国工资集体合同覆盖职工已超过1亿人，下一步将通过经济、法律、信息手段以及必要行政手段，积极稳妥扩大覆盖范围，解决职工“不会谈”和企业“不愿谈”的问题，促进职工工资合理增长。全国总工会提出，2013年集体协商覆盖率将达到80%。

促进农民增收。虽然近几年农民收入较快增加，但增收

政策传真

全国总工会3年规划力推工资集体协商

——2011年年底，已建工会组织的企业工资集体协商建制率达到60%，其中世界500强在华企业工资集体协商建制率达到80%以上。

——2012年年底，实现已建工会组织的企业工资集体协商建制率达到70%，其中世界500强在华企业工资集体协商建制率达到90%以上。

——2013年年底，实现已建工会组织的企业工资集体协商建制率达到80%，其中世界500强在华企业全部建立工资集体协商制度。

的基础还不稳固。应继续完善强农惠农政策，提高农业补贴和粮食收购价，加强农田水利等基础设施建设，大力发展现代农业，提高农业劳动生产率，增加农民务农收入。同时，努力增加农民非农收入，引导富余劳动力转移就业，把在城镇稳定就业和居住的农民工有序转变为城镇居民，逐步将城镇基本公共服务覆盖到农民工。

◎ 中等收入群体怎么扩大

国内外的发展经验表明，中等收入群体是社会的“稳定器”。合理的收入分配格局，应该是高收入者和低收入者占少数、中等收入者占多数的“两头小、中间大”的橄榄型格局。

2011年全国粮食总产量迈上11000亿斤新台阶，创造了新中国成立以来首个粮食产量的“八连增”。图为素有“天下第一场”美誉的黑龙江双鸭山友谊农场的丰收美景。

深化分配制度改革、缩小收入差距，一个重要目标就是要扩大中等收入群体。党的十七大明确提出了到2020年中等收入者占多数的要求。

专家点评

中等收入者越多社会越稳定

陆学艺（中国社会学会名誉会长）：社会学研究表明，中等收入群体在政治上趋于理性，是支持政府的重要力量，在经济上是经济主体和稳定的消费群体，在文化上则是文化的投入者、消费者和创造者。因此，中等收入者在一个国家所占比重越大，这个国家和社会就越稳定。

对于“中等收入者”，目前还没有明确界定标准。按世界银行的标准换算，国家统计局将年收入在6万元—50万元之间的家庭列入中等收入家庭范畴。据一些学者测算，目前我国中等收入者比重较低，距离占多数的目标还有不小距离。为此，要从多方面给力。

提升劳动者技能。一般来讲，复杂劳动收入高于简单劳动，创造性劳动收入高于重复性劳动。目前，我国大量劳动者从事的是知识和技术含量较低的简单劳动、重复劳动。必须通过教育提高劳动者素质和技能，增加劳动的知识含量和创造性，使劳动者增加收入，步入中等收入者行列。特别是适应加快转变经济发展方式、调整经济结构的需要，加强职业教育和技能培训，使低技能“蓝领”成为高技能人才。

鼓励自主创业。创业是创造和积累财富的重要途径。改革开放以来先富起来的人，

当前，我国高技能人才依然短缺。2011年，人力资源和社会保障部、财政部联合启动国家高技能人才振兴计划，重点实施技师培训、高技能人才培训基地建设和技能大师工作室建设三个工作项目。图为一名工作人员在天津职业技能公共实训中心调试设备。

很多都是创业者。但总的看，我国目前自主创业人数少、比例偏低。应鼓励人们勤劳创业、实业致富，完善税收优惠、担保贷款、场地安排等扶持政策，改善创业环境，使更多劳动者成为创业者。

完善社会保障。有人说，“一套房子压垮一个中产”。当前，在城市特别是大城市，住房、子女教育、医疗和养老等生活成本越来越高，使工薪阶层背负巨大生活压力，制约了中等收入群体的增长。应切实加强房价调控，深化教育、医药改革，完善社会保障，使人们从“住房难”、“看病贵”等困境中解脱出来。

增加财产性收入。财产性收入是衡量国民富裕程度的重

近年来，各地纷纷加大创业扶持力度。2011年9月15日，浙江宁波镇海区大学生创业园校地合作共助创业签约暨第二批创业扶持资金颁发仪式举行，21名创业大学生共获得75万元的创业扶持资金。图为扶持资金颁发仪式现场。

要指标。2011年我国城镇居民收入中，财产性收入比重不到3%，主要是利息、出租房屋收入、股息与红利收入所得。应规范和发展资本市场，保护投资者特别是中小投资者的合法权益。加强公民财产权的保护，特别是在拆迁、征地等过程中确保财产权利不受侵犯。

百姓心声

- 无论技术进步和知识更新达到什么程度，劳动始终是文明进步的重要源泉，劳动者的创造始终是历史前进的根本动力。
- 我们的社会，应该为奋斗者提供公平的舞台，为梦想者提供抵达的路径。
- 中等收入群体不仅是内需的主要创造者，更是社会的主要稳定器。
- 如果说做大社会财富这个“蛋糕”是政府的重大责任，那么分好社会财富这个“蛋糕”是政府更大的责任。

此外，还应畅通社会流动渠道。对于扩大中等收入群体来说，促进合理、充分的社会流动，比经济方面的支持更加重要。应该深化户籍改革、打破身份壁垒，促进教育、就业公平，使低收入群体有平等的机会实现向上攀升的梦想。

◎ 分配秩序怎么规范

“秩序美是所有美之最。”世间万事都要讲求规则和秩序，收入分配亦是如此。当前，分配领域的同工不同酬、滥发奖金福利、部分行业收入畸高、灰色收入大量存在等问题，都是分配秩序不规范的表现。

由于秩序不规范产生的这些问题，无疑加剧了收入差距。必须进一步健全法律法规，强化政府监管，加大执法力度，加快形成公开透明、公正合理的收入分配秩序。

从2011年起，国家适当提高了中央企业国有资本收益收取比例。2002—2011年，中央企业上缴税金从2926亿元增加到1.7万亿元，年均增长20%以上。

限制垄断行业收入。“银行加证保（证券、保险），两电（电力、电信）加一草（烟草），石油加石化，看门也拿不少。”这种说法虽不尽准确，但反映出人们对垄断行业高收入的不满。解决这一问题，根本要靠深化改革，打破垄断，引入竞争。而对必须由国家垄断的行业和领域，应进一步调整国家和企业的分配关系，扩大国有资本经营预算实施范围、提高上交比例，更好地实现国有资本收益全民共享。特别是要对高管人员实行限薪，并严格控制其职务消费。

坚决取缔非法收入。人们对收入差距拉大有意见，其实并不是对合理、合法的收入有意见，主要是对通过违法违规行为获得的巨额财富强烈不满。必须坚决堵住国企改制、土地出让、矿产开发等领域的漏洞。深入治理商业贿赂，严打官商勾

权威声音

深化垄断行业改革，解决“玻璃门”现象

张平（国家发展和改革委员会主任）：在一些行业、领域，存在着“玻璃门”、“弹簧门”现象，看得见进不去，或者进去一半又被弹回来了，这样的现象时有发生。要出台具体的实施细则，建立公平、规范、透明的市场准入标准，深化垄断行业改革，支持民营资本进入铁路、市政、金融、能源、电信、教育、医疗等领域。

结、走私贩私、内幕交易、操纵股市、制假售假、骗贷骗汇等非法活动。

大力规范灰色收入。目前，对礼金、红包、出场费、好处费及各种名目的“福利”等形式的灰色收入，监管存在不少漏洞。应该加大规范力度，清理规范国有企业和机关事业单位工资外收入、非货币性福利等。继续在党政机关、事业单位、社会团体和国有及国有控股企业深入开展“小金库”治理工作，切断产生灰色收入的渠道。

有效调节过高收入。“调高”，不是简单的“抽肥补瘦”，更不是“劫富济贫”，而是要通过税收等方式对过高收入进行有效调节，把社会成员收入差距控制在合理范围内。应进一步发挥好个税的调节作用，根据居民工薪收入水平变化、物价影响、基本生活费开支等因素，适时进行合理调整。加大税收征管力度，严厉打击偷、逃、漏税等行为，特别是做好高收入者应税收入的管理和监控。

深度解读

“小金库”治理

“小金库”，是指侵占、截留国家和单位收入，化大公为小公、化小公为私有，未在本单位财务会计部门列收列支和私存私放的各种资金。“小金库”其外表形形色色，内在错综复杂，“小”已难涵盖其实质，在某些方面已成为产生腐败的温床，严重干扰了财经管理秩序。2009年开始，中央纪委在全国党政机关和事业单位范围内开展了“小金库”专项治理。

促进收入信息公开透明。让收入透明化，是加强监管、促进分配公平的前提。应加快建立包括公民个人资料、收入、财产、住房等信息在内的收入信息数据库，建立个人支付结算体系，推进居民固定账号信用卡或支票结算制度，推动交易电子化。这样，每个人的收入及家庭负担情况都将“晒在阳光下”，灰色收入、非法收入将无所遁形，逃税漏税也将失去空间。

◎怎么坚持走共同富裕道路

面对一个时期以来收入差距扩大的状况，一些人产生了担心和疑惑：是不是还要坚持共同富裕的目标？怎样才能走好共同富裕之路？

共同富裕是我们党始终不渝的奋斗目标。“我们建设社会主义的目的，就是要大家有事做，有饭吃，大家共同富裕。”新中国成立之初，我们党就发出这样的铮铮誓言。在这个问题上，我们党的态度是一贯的、鲜明的。2011年7月，胡锦涛总书记在建党90周年纪念大会上再次鲜明强调，要“加大收入分配调节力度，坚定不移走共同富裕道路”。

要在经济发展的基础上，让全体人民共享改革发展成果。改革开放30多年来，我国经济实力和综合国力显著增强，在

党的领导人关于共同富裕的论述

◎要巩固工农联盟，我们就得领导农民走社会主义道路，使农民群众共同富裕起来，穷的要富裕，所有农民都要富裕。——毛泽东

◎社会主义不是少数人富起来、大多数人穷，不是那个样子。社会主义最大的优越性就是共同富裕，这是体现社会主义本质的一个东西。——邓小平

◎我们搞社会主义，是要解放和发展生产力，消灭剥削和贫穷，最终实现全体人民共同富裕。贫穷不是社会主义。一部分人富起来、一部分人长期贫困，也不是社会主义。——江泽民

◎消除贫困、改善民生、实现共同富裕，是社会主义的本质要求，是改革开放和社会主义现代化建设的重大任务，是全党全国各族人民始终不渝的奋斗目标。——胡锦涛

人民生活总体达到小康水平之后，广大群众对过上更好生活提出新的期待。应积极回应社会关切，初次分配和再分配都要处理好效率与公平的关系，再分配更加注重公平，让发展成果惠及全体人民。要深化收入分配制度改革，加大收入分配调节力度，努力分好社会财富这个“蛋糕”，切实增加城乡居民收入。采取更加有力措施，发展各项社会事业，推动基本公共服务均等化，完善社会保障体系，使广大群众特别是困难群众得到更多实实在在的实惠。

深度解读

基本公共服务均等化

基本公共服务均等化，是指政府为社会成员提供基本的、与经济社会发展水平相适应的、能够体现公平正义原则的大致均等的公共产品和服务。从我国现实情况出发，基本公共服务均等化的内容主要包括：一是基本民生性服务，如就业服务、社会救助、养老保障等；二是公共事业性服务，如公共教育、公共卫生、公共文化等；三是公益基础性服务，如公共设施、生态维护、环境保护等；四是公共安全性服务，如社会治安、生产安全、消费安全、国防安全等。

同时应看到，共同富裕的实现是一个长期历史过程，只有在生产力高度发达基础上才能充分实现。生产力决定生产关系，没有坚实的物质基础，共同富裕只能是“空中楼阁”。虽然我国已成为世界第二大经济体，但人均国内生产总值仍排在世界100位左右，不到世界平均水平的一半，只有发达国家的1/10左右。我国仍处于并将长期处于社会主义初级阶段的基本国情没有变，人民日益增长的物质文化需求同落后的社会生产之间的矛盾这一社会主要矛盾没有变。无论是加强社会建设还是改善民生，都要从这一基本国情出发，立足实际、量力而行，不能提出超越阶段的目标和要求。应始终牢记发展

是解决我国所有问题的关键，牢牢扭住经济建设这个中心不动摇，通过不断解放和发展生产力，筑牢全国各族人民幸福安康的强大物质基础。

为政之道，在于安民；安民之举，在于富民。缩小收入差距、共享发展成果，是人民群众的热切期盼，也是我们党的庄严承诺。在经济社会不断发展和收入分配制度改革不断深化的过程中，这一目标会逐步成为现实，全体人民必将共沐公平正义阳光，共享幸福美好生活。

相关链接

《中华人民共和国国民经济和社会发展第十二个五年规划纲要》，人民出版社2011年版。

2 向住有所居目标迈进

——房地产调控如何坚持

2012年4月，一年一度的北京春季房地产展示交易会在北京国贸中心举行。相同位置的楼盘大多较2011年有明显的降价，不少房企还纷纷推出特价房、团购房、低价房，折扣力度、优惠幅度均超过往年。然而，面对开发商的“热情”，大多数意向购房者的反应却很“冷淡”，观望者多，签约量少。

北京春季房展会素有“楼市风向标”之称。本届展会的行情，一方面反映出房价在强力调控下正向合理价位回归，同时也折射出人们对进一步加强房地产市场调控的关注与期待。一段时期以来，调控政策接连出台，到底成效如何？市场调整是否到位？2012年调控会不会放松或者转向？怎样才能更好地解决群众住房问题、实现住有所居？对于这些疑问，社会各界十分关心。

◎房地产调控成效怎么看

2009年第二季度以来，房价迅速回升并大幅上涨。面对严峻形势，国家先后出台了“国十一条”、“新国十条”等一系列政策措施。加强和改善房地产市场调控，密度大、力度强。

2011年，调控措施进一步细化，调控工作持续深入。1月，国务院办公厅下发《关于进一步做好房地产市场调控工作有关问题的通知》，从落实地方政府责任、强化差别化住房信贷政策等8个方面提出了更加严格的要求，被称为“新国八条”。随后，各地根据通知精神，纷纷推出实施细则，综合运用经济、行政手段，不断推进调控。同时，为确保调控落实到位，国务院还对部分地区开展督促检查，8个督查组实地督查了北京、辽宁等16个省区市的政策落实情况。

> **政策传真**
>
> **“新国八条”主要内容**
>
> 2011年1月26日，国务院办公厅发布《关于进一步做好房地产市场调控工作有关问题的通知》，业内称为“新国八条”。内容主要包括：进一步落实地方政府责任；加大保障性安居工程建设力度；调整完善相关税收政策，加强税收征管；强化差别化住房信贷政策；严格住房用地供应管理；合理引导住房需求；落实住房保障和稳定房价工作的约谈问责机制；坚持和强化舆论引导等。

一年多来，从49个地级以上大中城市出台“限购令”，到

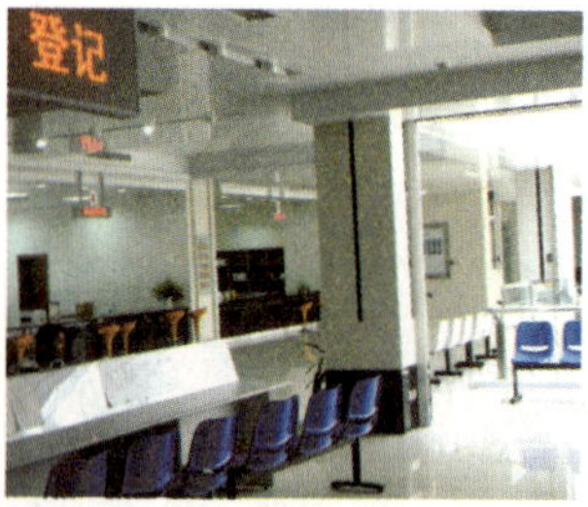

什么是“限购令”

2010年4月“新国十条”出台后，一些房价过高的城市相继颁布限制家庭购房套数的规定，被称为“限购令”。目前已有49个地级以上城市实施“限购令”。如北京规定对拥有两套及以上住房的本市户籍家庭暂停售房，连续5年（含）以上在本市缴纳社保或个税的非本市户籍家庭限购1套住房。图为某地限购政策下冷清的房地产交易中心。

600多个城市出台房价控制目标；从上海、重庆房产税改革试点，到各地纷纷建设保障性安居工程；从二套房贷严格执行差别化信贷政策，到央行3次加息、6次上调存款准备金率；从7月国务院常务会议强调坚持调控方向不动摇，到10月国务院常务会议再次强调要坚定不移地搞好调控……在一系列政策措施的作用下，房地产市场逐步降温，调控成效初步显现。

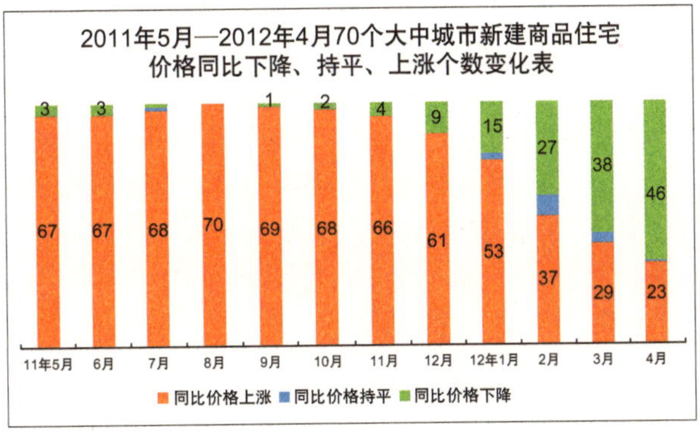

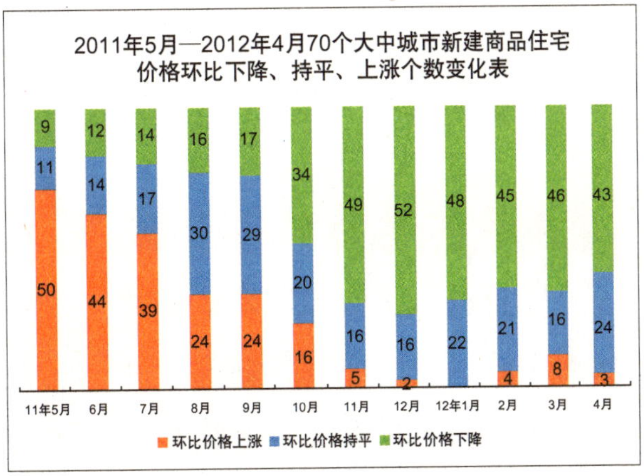

多数城市房价涨幅回落，部分城市房价出现下跌。2011年1—12月，70个大中城市新建商品住房价格同比涨幅平均值从6.5%回落至1.6%，环比涨幅从0.8%回落至-0.2%。北京2012年一季度新建普通住房成交均价比2011年同期下降20.7%，比2011年全年下降6.4%。

投机投资性需求得到遏制。东部高房价地区最为明显，2011年北京、福州、厦门、海口非当地户籍居民购房比重明显下降，北京居民家庭购买第二套及以上住房面积所占比重，比

调控初见效　房地产市场增速放慢

2011年，全国房地产开发投资61740亿元，比上年增长27.9%，增速回落5.3个百分点；全国房地产开发企业房屋施工面积50.8亿平方米，增长25.3%，增速回落1.2个百分点；全国商品住房销售面积10.99亿平方米，增长4.9%，增速回落5.7个百分点。

2010年降低7.1个百分点。

社会资金流入楼市的速度明显放慢。2011年，投入房地产开发企业的资金共计83246亿元，增速比上年同期回落12.1个百分点，多年来资金过量流入房地产的形势开始发生变化。

保障房建设顺利推进。全年新开工1043万套，基本建成432万套，为“十二五”时期3600万套保障房建设开了好局，也为市场调控增加了砝码。

◎ 调控政策为何不能动摇

应当说，房地产调控取得初步成效，受到广大住房困难群众的欢迎，他们期待着继续巩固和扩大调控成果。同时，也有一些人认为，当前经济形势不容乐观，要实现稳增长，应适度

权威声音

有信心让一线城市房价降下去

姜伟新（住房和城乡建设部部长）：2011年以来，多数地区房价涨幅回落，房地产市场总体运行平稳，调控成效已经显现。要继续坚持房地产调控不动摇，我们有信心在今年让几个一线城市的房价水平降下去。

放松乃至取消调控，发挥房地产“救市”作用。还有个别地方政府出于“土地财政”的考虑，也在造舆论、搞“小动作”，试图给调控“松绑”。

面对种种议论纷争，中央显示了坚持调控的坚定决心。2011年12月，中央经济工作会议明确要求，继续坚持房地产调控政策不动摇，促进房价合理回归。2012年3月，政府工作报告强调，严格执行并逐步完善抑制投机投资性需求的政策措施，进一步巩固调控成果。2012年5月，国务院常务会议指出，要稳定和严格实施房地产市场调控政策。

2012年3月20日，中国人民银行发布《2012年第一季度储户问卷调查报告》，数据显示，未来3个月内有购房意愿的居民占14.1%，是1999年调查以来的同期最低值。

那么，为何调控政策不能“松口子”呢？

住房需求有自住性的，也有投机投资性的。投机投资性需求以赚取买卖间价差为目的，由于所购住房中相当一部分既不

深度解读

日本房地产泡沫破灭的警示

20世纪八九十年代，日本上演了一场“土地神话”闹剧：在宽松的信贷政策刺激下，房地产投机性需求激增，人们普遍陷入“房价只涨不跌”的狂热之中，导致房价地价飞涨，1983—1988年，日本东京商业用地价格上涨250%，产生地产泡沫，最后蔓延为整体经济的泡沫。1990年年底泡沫经济崩溃，房价开始大幅下跌，几年后跌回起点，“土地神话”破灭，日本经济由此也陷入漫长的萧条之中。

自住也不出租、闲置浪费，偏离其满足居住需要的本质属性，使得住房成为牟利工具，加剧了供需矛盾，从而推高房价。

国际经验表明，在经济快速发展期，房地产市场容易出现投机投资性需求增多的趋势。如不及时有效抑制，一方面，投机投资性需求将非正常推高房价，迫使一些自住性需求被“挤出”市场，导致市场需求畸形化；另一方面，投机投资性需求的盲目扩张，往往出现资产泡沫膨胀，造成市场大起大落，甚至引发金融风险、影响经济平稳发展。

百姓心声

◎虽然房价野马已被套上了调控的缰绳，低下了高昂的头，但距离合理回归还差得远。

◎房价过高的时候，租房其实比买房划算。观念一换天地宽，租房未必不安居，“裸婚”也能很幸福！

◎保障房要建好，更要分好，一定要加强监管，千万不能“好经被念歪”，成了“翻版福利房”。

◎无论是坚持调控不动摇，还是推进保障房建设，关键在于地方政府的落实。要真正实现“市场的归市场，市长的归市长”，就必须破除“土地财政”依赖症。

从近年来我国房地产市场发展的情况看，投机投资性需求是前一时期推动房价非理性上涨的主要因素。实现房价合理回归，推动市场健康发展，关键是有效抑制投机投资性需求，不能有任何松动。这既是当前调控的重点，也是必须长期坚持的。

特别应看到，调控已取得的成效只是初步的，基础还不牢固，存在许多不确定因素。当前，国内流动性较为充裕，投资渠道相对有限，投机投资性需求反弹的条件仍然存在。如果放松调控，投机投资性资金极有可能再度“兴风作浪”，阻碍市场健康发展。

为此，必须继续坚持调控不动摇，严格执行抑制投机投资性需求的政策措施。要继续落实地方政府调控房价的责任，严格执行住房限购措施，遏制不合理住房需求。同时，继续落实差别化信贷和税收政策，对购买第二套住房的，首付款比例不低于60%，贷款利率不低于基准利率的1.1倍，加强存量住房交易税收征管等。

◎ 合理需求怎么满足

“住房”，顾名思义，是用来居住的房屋。满足群众合理自住需求，是房地产市场的基本功能之一。1998年深化住房制度改革以来，我国房地产市场快速发展，住房投资建设规模不断扩大，居民住房条件得到明显改善。2010年，城市人均

深化住房制度改革以来，我国居民住房条件得到明显改善。

近年来我国城镇化发展柱状图（单位：%）

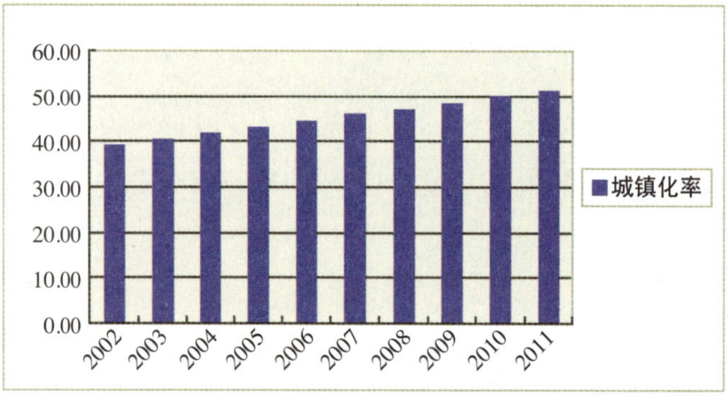

住宅建筑面积达到31.6平方米，比1997年增长近一倍。新建住宅配套设施更加完善，环境更加宜居。

长期来看，我国商品住房市场潜力仍然很大，还有很多有效需求没有得到满足。我们正处于城镇化快速发展阶段，每年有千万以上农村人口迁入城镇工作和生活，持续增加的城镇人口创造出大量的住房需求。同时，随着经济发展和收入增加，城镇居民消费结构升级，越来越多的家庭有愿望也有能力通过市场改善居住条件。

调控的目的，是促进房地产市场平稳健康发展，而合理自住需求则是市场健康发展的动力和基础。合理自住需求持续稳定释放，可以引导住房投资建设保持一定的规模，有利于市场长期稳定发展。反之，如果受到抑制，住房投资建设规模就会大幅下降，既不利于群众改善住房条件，也不利于经济“稳中求进”。为此，在坚决遏制投机投资性需求的同时，必须采取有效措施，满足合理自住需求。

继续改善住房供应结构。从

专家点评

满足刚性需求不是“救市”

秦虹（住房和城乡建设部政策研究中心主任）：未来房地产调控仍将坚持控制投资性需求，同时满足市场刚性需求。人们习惯将与房市有关的利好政策信息定性为“救市”。但实际上，开发商与其抱有楼市调控放松的幻想，不如抓住刚需族，解决当下的困难。

当前市场情况看，群众最需要的是中小套型、价格合适的普通住房。因为它既能满足居住需求，又与多数家庭经济能力相适应。如果住房供应结构不合理，大套型、高档住房多，中低价位、中小套型普通住房供应不足，会抑制居民合理自住需求。因此，既要增加总的供应量，又要解决供应的结构性矛盾，扩大普通商品住房供应规模，加快落实土地供应计划，加快对普通商品住房的规划、开工建设和销售审批等，着力增加有效供给。

继续实行差别化的信贷和税收政策。支持居民家庭首次购买普通商品住房和保障房，优先保证首次购房家庭的贷款需求，并在首付款比例和贷款利率上体现优惠。近期部分银行重启首套房贷8.5折的利率优惠，降低了首次置业的门槛。此外，还要进一步加强市场监管，严肃查处住房交易中的各类违法违规行为，规范市场秩序，维护群众合法权益。

太原市增加中小户型商品住房供应

近年来，山西省太原市大力调整住房供应结构，支持中小户型房源开发。2011年前11个月，新审批的用于住宅建设的土地，全部为90平方米及以下的中小户型。

同时，也要看到，实现住有所居，是要让每个人都有合适的房住，而不意味着人人都要有自己产权的住房。合理的自住需求，既可以通过买房来解决，也可以通过租房来满足。应完善相关政策，加强对出租房、中介机构及人员的管理，促进租赁市场发展，鼓励居民通过租赁满足自住需求。

◎保障房怎么建好分好

市场是解决城镇居民住房需求的主渠道，但对众多中低收入家庭来说，由于经济能力弱，难以通过市场买房或租房，需要政府提供保障。保障房作为住房市场的必要补充，是政府履行公共服务职能、使人民共享发展成果的重大举措。保障房建设推进得好，既能够满足符合条件困难群众的基本住房需求，也有利于政府更有针对性地开展调控，促进房地产市场健康发展。

2012年部分城市保障房新建数量

北　京	16万套	郑　州	5.1万套
天　津	10.5万套	武　汉	11万套
石家庄	3.69万套	广　州	4.5万套
上　海	16.58万套	深　圳	4万套
济　南	4万套	重　庆	23.74万套

2012年保障房建设形势喜人。

为解决城镇中低收入家庭的住房困难，中央决定大规模实施保障性安居工程，“十二五”时期计划新建保障房和棚户区改造住房3600万套。2011年完成了开工1000万套的任务。

2012年，保障房建设继续加速：计划新开工700万套以上，加上前两年结转的项目，全年在建总量有1700多万套，将达到历史最高水平。同时，随着大批保障房的陆续建成，分配、管理问题日趋重要，保障性安居工程已进入建设和管理并重的新阶段。如何既保证建设速度，又保证施工质量，并实现公平分配，挑战巨大。目前，各地正按照中央部署，迎难而上，努力打好这场“攻坚战”。

权威声音

保障房用地单独报批、应保尽保

徐绍史（国土资源部部长）：要把保障民生用地放在优先位置，今年700万套保障性住房用地要做到应保尽保，实行单独报批，并鼓励使用存量土地。在督促各地落实住房供地计划同时，必须积极推进供后监管，确保建设任务真正“落地”。

“巧妇难为无米之炊”，盖房子离不开土地和资金。要完成2012年建设目标，首要的是落实土地供应和资金投入。要加大土地政策支持力度，保障房用地要优先供应、应保尽保，项目审批要急事急办。2012年保障房建设所需资金将超过2011年的1.3万多亿元，中央财政补贴投入将不低于2011年的1526

吉林省积极筹措保障房建设资金

吉林省采取“政府补一点、政策减一点、企业出一点、个人拿一点、市场筹一点、银行贷一点”的办法，破解保障房建设资金不足的难题。2006—2010年，吉林省利用国家补助资金86.81亿元，省级财政投入62.87亿元，银行金融部门贷款108亿元，各地政策性减免488.27亿元，并鼓励引导开发企业和居民个人出资，破解保障房开发建设资金不足的难题。

回迁户住上“暖心房”。

亿元，地方政府也都在千方百计破解资金难题，除加大公共预算安排、确保土地出让收益和住房公积金增值收益用于保障房外，还将地方政府债券收入、试点地区房产税收入等纳入进来，并抓紧建立健全融资机制，引导社会资金投入。

建好保障房，不仅要实现数量目标，质量上更不能放松。住房质量关系群众生命和财产安全，是保障房建设的“硬杠杠”、不能突破的底线。完成2012年目标，客观上工期紧、任务重、质量风险高，必须进一步加强工程质量管理。要严把规划设计、建材供应、施工质量、竣工验收各个关口，全面推行质量终身责任制，对造成质量安全问题的责任人终身追责。

公平分配是住房保障工作的“生命线”，关系

上海市探索建立公平分配机制

上海市探索建立了“居民经济状况核对平台”，涵盖社保、税务、公积金等14个部门和单位，能对保障房申请者的经济状况进行全方位审核，杜绝不符合条件者“钻空子”。

到这项民生工程的成败。要做到公平公正，关键是把好“入口”和“出口”。必须规范准入审核，合理确定并公布保障对象准入条件，完善申请、审核、公示、轮候、复核制度，将不该享受保障者拒之门外；完善纠错退出机制，对骗购骗租者，一经查实立即清退，对不再符合条件者，按规定程序实施退出。同时，坚持分配政策、程序、房源、对象、过程、结果、投诉处理全程公开，接受群众、社会和媒体全方位监督。

◎房地产市场如何长期稳定健康发展

无论是实现群众住有所居目标，还是保持经济平稳较快增长，都离不开一个长期稳定健康发展的房地产市场。我国房地产市场是在发展社会主义市场经济的大背景下形成和发展起来的，过去的十几年间，房地产市场几起几落，调控一轮接着一轮，有成效，问题也不断出现。越来越多的人都在考虑，如何才能实现市场长期稳定健康发展?

目前，我国已经初步形成了市场供应与政府保障相结合、

政策传真

1998年以来的部分住房改革和调控政策

1998年7月 《关于进一步深化城镇住房制度改革加快住房建设的通知》
2003年8月 《关于促进房地产市场持续健康发展的通知》
2005年5月 《关于做好稳定住房价格工作的意见》
2006年5月 《关于调整住房供应结构稳定住房价格的意见》
2007年8月 《关于解决城市低收入家庭住房困难的若干意见》
2010年1月 《关于促进房地产市场平稳健康发展的通知》
2010年4月 《关于坚决遏制部分城市房价过快上涨的通知》
2011年1月 《关于进一步做好房地产市场调控工作有关问题的通知》

以市场供应为主的城镇住房供应体系。同时，在房地产市场发展和调控过程中，对市场规律的认识不断深化，调控市场的思路日益清晰，采取的政策措施逐步丰富和完善。促进房地产市场长期稳定健康发展，要求在现有基础上妥善处理市场供应与政府保障的关系，合理划分中央与地方的责任，完善政策措施，建立健全行之有效的机制。

抓紧编制住房发展规划。规划是引导，也是约束，是指导住房建设和发展的基本依据。编制和实施中长期住房建设规划，明确住房建设目标、思路、实现途径和措施等，对稳定市场预期、完善住房制度顶层设计、保持市场健康平稳发展都具有重要作用。2012年，国家有关部门和各地将加快制定符合国情和各地实际的住房发展规划，鼓励发展省地节能环保型住宅，引导住房合理适度消费。

专家点评

解决住房问题长远靠制度

朱中一（中国房地产业协会副会长）：在楼市调控目标上，短期内可以着眼于房价，长期看更要着眼于制度的建设。否则，短期调控政策一旦松动，房价就可能反弹。只有对未来的政策有了明确稳定的预期，企业才能放心投资，百姓才能理性消费，市场才能持续健康发展。

加快建设城镇个人住房信息系统。居民现有住房状况等信息，是房地产市场调控、保障房建设和分配的基础，能够降低交易的信息成本，有助于市场机制更好地发挥效能。2011年1月，国务院常务会议要求加快城镇个人住房信息系统建设。目前，全国40个重点城市个人住房信息系统联网已取得实质性进展。在此基础上，将继续加大推进力度，到2013年将形成覆盖全国的城镇个人住房信息系统。

完善住房税收政策。税收是房地产市场调控的重要工具，有利于引导市场供求关系，抑制住房资源不合理占用，防止住房空置，促进房地产市场稳定健康发展。2011年，上海、重庆两市开展了个人住房征收房产税试点工作，积累了一些经验。2012年将在总结经验的基础上，扩大试点范围，同时继续调整完善其他税种征收政策。

深度解读

房产税试点成效渐显

2011年1月28日，重庆和上海作为全国首批试点城市，开始征收房产税。调查显示，房产税实施后，重庆主城区多数高档商品住房项目访客量下降30%—50%，部分购房者改变了买大房、买高档房的消费倾向。上海对城市中心区域设置税率0.6%，周边区域税率为0.4%，这一差距使得很多成交量被引流到周边区域。一年多来，房产税成效已开始逐步显现，对抑制高端住房消费和房价过快上涨势头、优化住房供应结构起到了积极作用。

健全相关法律法规。市场经济是法治经济，房地产市场长期健康发展，需要健全的法律制度。要适时将实践证明行之有效的、能够长期适用的政策上升为法律。同时，结合经济社会发展中的新情况、新问题，及时修订已出台的法律法规。

目前，《城市房地产管理法》修改草案征求意见稿已经完成，《基本住房保障条例》也已开始起草。

住房，不仅是一个居住的空间，更承载着每个家庭对美好生活的向往和期盼。毋庸置疑，随着我国住房制度改革的不断深化，市场必将逐渐规范，保障必将逐步到位，百姓“住有所居”的美好愿望，也必定能逐步实现！

相关链接

《国务院办公厅关于进一步做好房地产市场调控工作有关问题的通知》，《人民日报》2011年1月28日。

3 多管齐下促“减负”

——看病费用如何降低

2009年4月，一项民生领域的重大改革——深化医药卫生体制改革，在公众期待中“破冰起航”。3年多来，针对看病贵这一突出难题，深化医改推出了一系列政策措施：提高医疗保障水平，建立国家基本药物制度，整顿药品流通秩序，公立医院改革“试水”医药分开……这些给力举措，在一定程度上缓解了看病贵。

但也要看到，切实减轻群众医药费用负担，任务还很艰巨。目前看病贵仍然突出，群众反映强烈，社会高度关注。解决好看病贵这一问题，关系亿万群众健康，关系万千家庭幸福，关系整个社会的和谐稳定。

◎ 看病贵到底贵在哪里

据统计，2011年，我国医院门诊病人次均医药费用为179.8元，住院病人人均医药费用6632.2元。一次住院费接近城镇居民年人均收入的三分之一，几乎相当于农民一年的人均纯收入。可见，医药费用是群众生活中一项沉重的负担，无怪乎人们看病住院时都会感慨“真的病不起”。

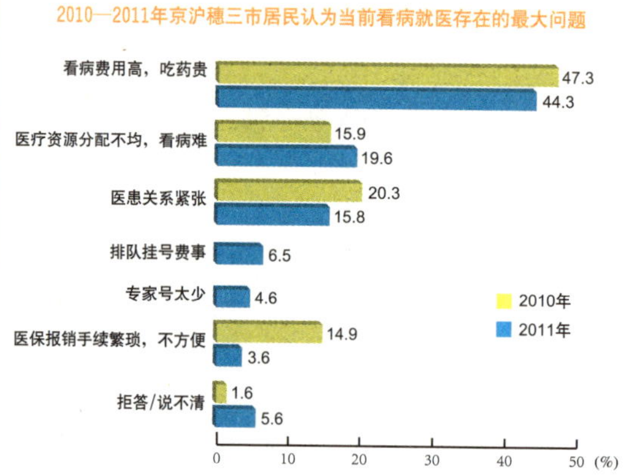

2010、2011年“全国两会民生系列调查”显示：京沪穗三市居民连续两年认为“看病贵”是当前就医存在的最大问题(47.3%，44.3%)。

看病贵，到底贵在哪里？仔细分析，主要贵在以下几方面。

药品流通秩序混乱，导致药价贵。小小一盒药，从出厂到患者手中要经过漫长的“涨价之旅”：药企—全国总代理—省级代理—医药代表—医院—医生，各个环节层层加价，回扣现象突出。据调查，很多药品的中间利润普遍在500%以上，有的竟高达6500%！在这些流通环节中已经形成了利益共同体，直接推高了药品的价格。

公立医院“以药补医”，导致过度检查和用药。长期以来，由于政府投入不足，医疗服务价格偏低，公立医院过多依赖药品加价和医疗检查收入。当前，在医院总收入中，药费和检查费收入比例一般超过60%，是医院运行发展经费、医务人员工资奖金的主要来源。在经济利益驱动下，有些医院通过开

多年来，“三素一汤”（抗生素、激素、维生素和注射液）成为医院特别是基层医疗卫生机构治疗一般感染性疾病的“看家菜”，过度用药现象比较普遍。这不仅增加了患者的医疗费用，而且危害着人们的健康和生命安全。

大处方、重复检查、过度检查等，增加收费项目，给患者带来不必要的支出。

医疗保障水平低，导致个人费用负担重。我国基本医保虽然初步实现了全覆盖，但城镇居民基本医保和新农合的保障水平偏低，个人自付比例仍然较高。部分重特大疾病、一些慢性病的门诊费用、部分药品等不在报销范围之内，很多时候仍然需要自费。而城乡医疗救助制度和商业医疗保险起步较晚，覆盖人口和保障力度也不大，降低医药费用负担的作用还没有充分发挥出来。

此外，随着现代医学技术快速发展，各种新药新技术不断出现，必然带来医疗费用大幅上涨。同时，人口老龄化和高血压、糖尿病等慢性病不断增加，也导致医疗卫生服务成本快速增长。部分患者盲目就医，不管大病小病都去大医院，增加了看病开销，特别是外地患者还得花上交通、吃住

我国糖尿病患者逾9000万人

根据卫生部2010年监测数据显示，全国18岁及以上居民糖尿病患病率为9.7%，糖尿病患者人数已超过9000万，成为糖尿病第一大国。中国糖尿病治疗费用每年达1734亿元，占全国医疗总开支的13%。

等费用。这些都在一定程度上加重了看病贵问题。

可见，看病贵是由多种因素造成的，是医疗卫生领域诸多问题的集中反映，必须高度重视，综合施治。为此，需要开一副复方药，既要“降虚火”，切实把虚高的医药费用降下去；又要“补元气”，提高群众医保水平，更好地保障人民群众健康权益。

◎如何完善基本医保少自付

“没有保障，生病硬扛；有了医保，有病就瞧。”百姓朴实的话语，道出了对基本医保的认可和欢迎。基本医保，就是利用政府、社会、个人三方力量，构建社会互助共济的医疗保障制度。这对于个人抵御疾病风险、减轻医药费用负担具有重要意义，是一把护卫公众健康的保护伞。

从世界范围看，有130多个国家通过建立医保制度解决居民看病问题。大多数发达国家建立了覆盖全民的医保体系。我国1998年在全国范围内进行城镇职工医疗保险制度改革，2003年和2007年，先后启动新型农村合作医疗、城镇居民基本医疗

深度解读

世界各国的主要医保模式

目前，虽然世界各国医保制度不尽相同，但概括起来讲主要有四种模式。①普遍医疗型：由国家承担医疗保障的绝大部分责任，以英国、瑞典为代表。②社会保险型：实施缴费和待遇相挂钩的社会医保制度，以德国、日本、韩国为代表。③市场主导型：以市场运作为主、政府仅为老人和低收入者提供基本医保的模式，美国是典型代表。④储蓄基金型：主要通过强制性储蓄积累方式，满足居民医疗保障需求，以新加坡为代表。

保险制度试点，并逐步推开。

2011年，这三项基本医保已覆盖全国95%的人口，构建起世界上最大的基本医保网，保障水平也在逐步提高。仅就新农合来说，各级财政补助标准达到200元，住院费用政策范围内报销比例提高到70%左右，全年参合农民共报销1710.2亿元，受益13.15亿人次。

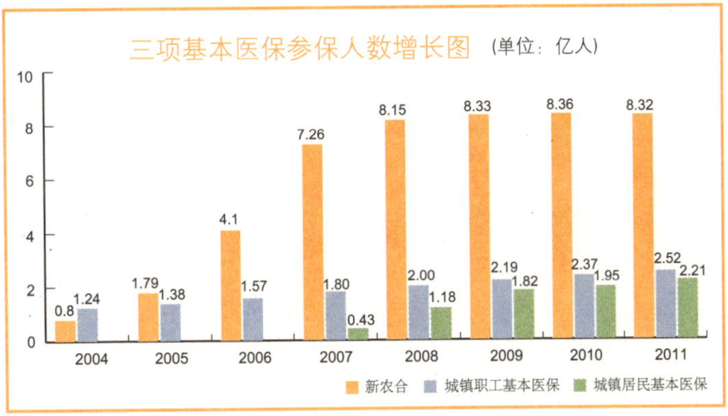

但也要看到，当前基本医保总体水平还不高，城镇居民基本医保和新农合的筹资水平、报销水平仍然偏低，医保关系转移接续困难。为此，“十二五”医改规划指出，要充分发挥全民基本医保的基础性作用，重点由扩大范围转向提升质量，稳步提高保障水平，给群众带来更多实惠。

我国基本医保覆盖率不断提高。图为辽宁沈阳启动在校学生基本医保制度，惠及进城务工人员子女，全市153家医保定点医院学生持卡都可就医，最高年支付限额达10万元。

扩覆盖。目前我国基本医保还有约5%的人口没有覆盖到，由于各种原因部分人群中断参保现象也时有发生。要继续提高参保率，确保到2015年，三项基本医保参保率在2010年基础上提高3个百分点。重点做好农民工、非公有制经济组织从业人员、灵活就业人员，以及关闭破产企业退休人员和困难企业职工参保工作，并探索建立引导各类人员长期参保的机制。

权威声音

我国已初步进入全民医保国家行列

陈竺（卫生部部长）：一般来说，覆盖率达到90%就可以认为是全民医保，我们现在覆盖率是95%，已初步进入全民医保国家行列。现在的医保个人需要两次付费：投保的时候付保险费，治疗的时候还要自己支付一部分。将来个人付费更多是在投保的时候，看病时个人支付部分会尽可能地减少。

提水平。近年来，根据经济社会发展状况，我国已多次提高新农合和城镇居民基本医保政府补助标准，从最初试点时的每人每年几十元提高到2012年的240元。下一步还将继续加大中央及地方财政投入，到2015年政府补助标准将达到360元以上。同时，新农合和城镇居民基本医保门诊报销比例将提高到50%以上，三项基本医保政策范围内住院报销比例均达到75%左右，个人负担将进一步降低。

保大病。癌症等重特大疾病，既严重威胁生命健康，又给患者带来极为沉重的经济负担，是不少家庭因病致贫的重要原因。为此，从2010年开始，我国积极探索建立重特大疾病保障机制。2012年将在新农合中全面推开儿童白血病、儿童先天

深度解读

纳入新农合大病保障的种类

8类大病纳入保障范围：儿童白血病、儿童先天性心脏病、终末期肾病（尿毒症）、乳腺癌、宫颈癌、重性精神病、耐多药肺结核、艾滋病机会性感染。

12类大病纳入保障和救助试点范围：肺癌、食道癌、胃癌、结肠癌、直肠癌、慢性粒细胞白血病、急性心肌梗塞、脑梗死、血友病、I型糖尿病、甲亢、唇腭裂。

近年来，我国基本医保服务水平不断提高，截至2011年9月，90%以上统筹地区实现费用即时结算。图为福建晋江农民在办理出院报销结算手续。

性心脏病、尿毒症等8类大病保障，并在部分地区试点，把肺癌、食道癌、胃癌等12类大病纳入保障范围，增强群众抵御大病风险的能力。

更便民。医保报销不仅要让群众报得多，还要报得方便快捷，减少“垫支”、“跑腿”的麻烦。应优化基本医保管理服务，加快推进即时结算，建立异地就医结算机制。2015年将全面实现省内医疗费用异地即时结算，初步实现跨省异地即时结算。完善医保关系转移接续政策，基本实现职工医保制度内跨区域转移接续，并推进各项基本医疗保险制度之间衔接。

◎ 基本药物制度如何降药价

5%葡萄糖注射液，是目前输液最常用的药品。两年前，100毫升规格的注射液零售价五六元钱，今天，在很多地方已不到三元，药价足足下降了近50%。仅仅这一瓶药的降价，每年就给群众节省费用上百亿元。葡萄糖注射液价格下降的奥秘，就在于深化医改以来，我们建立并实施了国家基本药物制度。

基本药物，通俗地说，是指预防和治疗常见病所必需的药物。建立国家基本药物制度，就是对基本药物进行统筹管理，从制度上保证其价格的稳定性和可及性。这项制度，对于规范药品生产流通秩序，促进合理用药，减轻群众药费负担具有重要意义。目前已有160多个国家制定了基本药物目录，其中105个国家制定了国家基本药物政策。

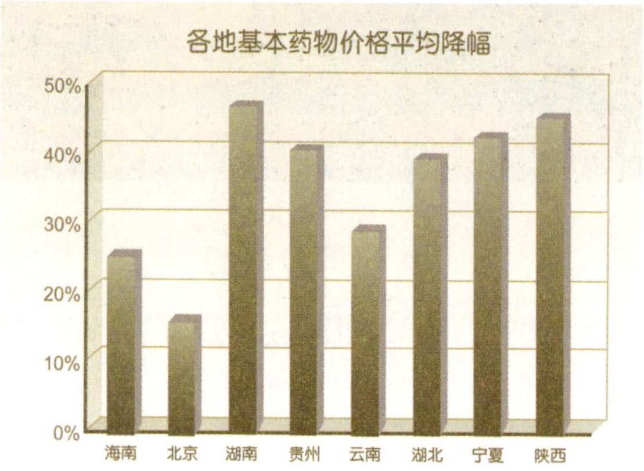

2009年8月，我国正式建立国家基本药物制度。两年多来，这一制度从无到有，稳步推进，通过对基本药物实行统一招标采购、统一配送、零差率销售等方式，有效控制成本，减少中间环节，降低了基层医疗卫生机构的药价，百姓得到了实惠。下一步，应继续巩固完善这一制度，使其在降低药价方面发挥更大作用。

药物目录不断完善。现在国家基本药物目录有307种药，各地也自主平均增补约210种药，但从实际使用情况来看，普遍反映还是“不够用”。应继续根据经济社会发展、群众医疗卫生需求、科学技术进步等情况，适时进行调整扩充，优化品

国家基本药物制度实施两年多来，通过药品“零差价”销售，减轻患者药费负担，受到广泛欢迎。图为河北、山东患者在社区和乡镇卫生院购买基本药物。

种、类别与结构比例。目前，2012版目录已在着手制定，将适当增加慢性病和儿童用药品种，减少使用率低、重合率低的药品，保持合理的基本药物数量。

实施范围继续扩大。基本药物制度目前还只是在政府办基层医疗卫生机构实施，而看病贵问题却主要集中在城市和县级公立医院。为更好地发挥这一制度的作用，将进一步扩大制度实施范围，鼓励公立医院和其他医疗机构优先使用基本药物。对非政府办基层医疗卫生机构，可采取购买服务的方式将其纳入基本药物制度实施范围。同时，2012年将全面推进村卫生室实施基本药物制度。

招标采购更加规范。“价格

百姓心声

- 低收入群体一旦得了大病，社会帮助是不得已的办法，从根本上说还是要靠医保水平的提高。
- 中医的“简、便、验、廉”等特点，在缓解看病贵方面独具特色和优势，应大力支持中医药发展。
- 取消以药补医是个好政策，但是千万不要按下葫芦起来瓢，药费下去了，检查费、器械费再涨起来。
- 作为医生，要体谅患者的不易；作为患者，也要体谅医生的辛苦。只有将心比心，用心换心，医患关系才能走向和谐。

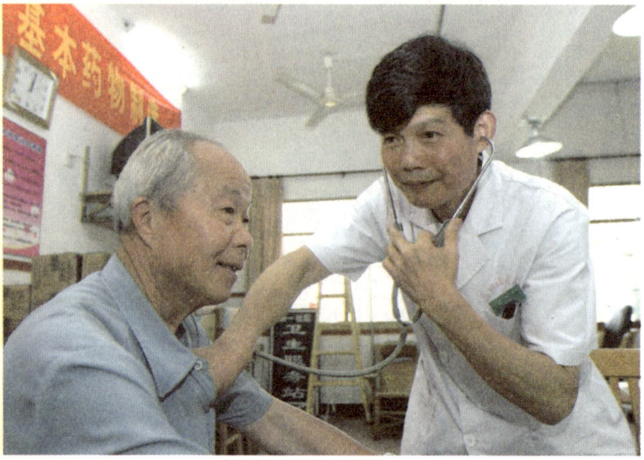

浙江省在全面实施基本药物制度的同时，进一步落实基层医疗卫生机构各项补偿政策，提高了基层医务人员的工作积极性，基层医疗卫生机构服务能力明显提高。图为浙江省诸暨市某社区卫生服务站医生为患者检查身体。

高不高，主要在招标”，招标采购是确保基本药物质量可靠、价格合理的关键环节。要完善以省为单位网上集中采购制度，坚持质量优先、价格合理，保障公开、公平、公正，既避免药价虚高也要防止低价恶性竞争。对独家品种、用量小且临床必需的品种，试行国家统一定价、定点生产，同时逐步将耗材、设备纳入集中招标采购范围。

应该看到，当前国家基本药物制度还主要在基层实施，到基层医疗卫生机构看病的人越多，这一制度的成效就越明显。应推进基层医疗卫生机构的综合改革，构筑完善的基层医疗卫生服务网，培养更多的全科医生，增强医疗服务能力和水平，提高患者对基层医疗卫生机构的信任。同时，通过减免诊疗费用、提高报销比例、建立双向转诊制度等政策，进一步降低基层诊疗费用，吸引更多患者就医。

◎公立医院改革如何促公益

我国医疗卫生体系中，公立医院占据着主体地位，承担的服务量占全国医院总服务量的90%以上。长期以来，由于政府投入不足等原因，公立医院形成了“以药补医”的模式，公益

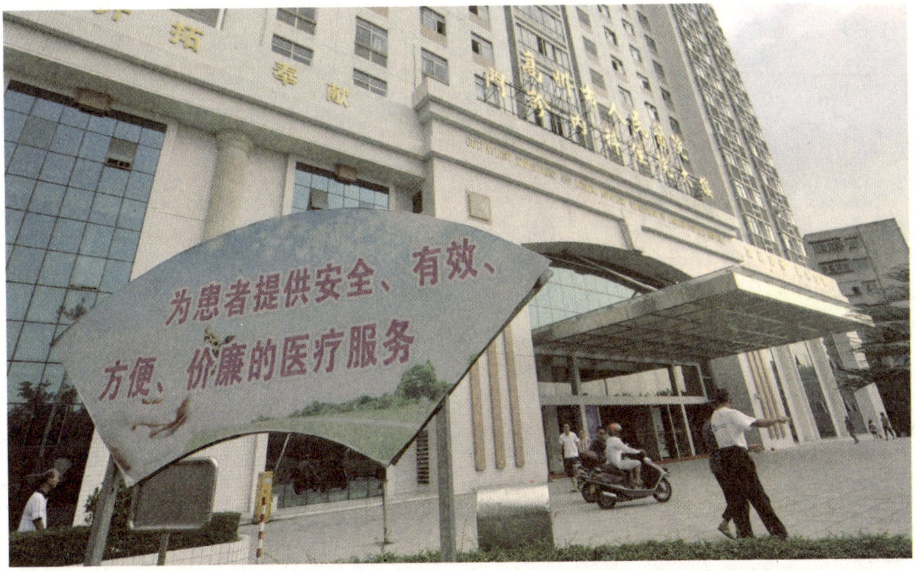

在连续两年涨幅超过6%以后，2011年公立医院病人就诊费用涨幅明显下降，按可比价格，次均门诊费上涨3.4%，人均住院费用上涨2.6%。

性淡化，趋利性增强，导致医疗费用大幅攀升，人民群众反映强烈。可见，公立医院改革是整个深化医改的关键环节，也是解决看病贵必须打好的一场硬仗。

深化医改以来，在公立医院改革试点过程中，很多地方积极探索重大体制机制改革，在降低医药费用方面推出一系列举措。比如，安徽芜湖市推进医药分开，四年间累计减轻群众药费负担1.6亿多元；陕西子长县加大政府补偿力度，打造群众满意的“平价医院”。2012年，在17个国家试点城市继续改革试点的基础上，还将在300个左右的县开展县级公立医院改革试点，力争2015年实现县级公立医院阶

权威声音

“以药补医”是当前亟须割除的毒瘤

陈竺（卫生部部长）：当前医疗卫生领域最需要革除的机制弊病，就是“以药补医”，它推动了医药费用不合理上涨，造成了药品滥用，扭曲了医务人员行为，腐蚀了队伍。“以药补医”不革除，医改补再多的钱也堵不了这个黑洞。

2012年5月，北京市公立医院改革首次试"药事服务费"，按医师职级不同分别收取元到100元不等的费用，其中医保报销40元。设立药事服务费的同时，医院药品加成、挂费、诊疗费全部取消。图为试点医院北京友医院。

段性改革目标，并拓展深化城市公立医院改革。

推进公立医院改革，首先要明确公立医院的公益性质。公立医院是政府举办的、承担公益性医疗卫生服务的医疗机构，应把维护人民健康权益放在第一位。公立医院改革的根本方向，就是要改变长期存在的逐利行为，使其回归公益性，为群众提供安全、有效、方便、价廉的基本医疗卫生服务。改革的总体目标、制度设计、政策措施，都要充分体现和突出公益取向。

增政府投入。既然公立医院姓"公"，政府就要承担投入

深度解读

17个公立医院改革国家联系试点城市

东北2个：辽宁鞍山、黑龙江七台河；
东部6个：北京、上海、江苏镇江、福建厦门、山东潍坊、广东深圳；
中部5个：安徽芜湖和马鞍山、河南洛阳、湖北鄂州、湖南株洲；
西部4个：贵州遵义、云南昆明、陕西宝鸡、青海西宁。

的责任。而目前政府直接投入一般只占公立医院总收入的6%—8%，仅靠这些投入，很难保证公立医院的正常运转。必须加大政府投入，增加对医院基本建设、大型设备购置、重点学科发展、公共卫生业务经费、人员经费等的补助，为公立医院回归公益性提供保障。“十二五”医改规划明确规定，地方政府要调整支出结构，切实加大投入，中央财政予以一定补助。

破“以药补医”。这是深化公立医院改革的核心，也是降低医院医药费用的关键。当前，医院收入主要靠药品销售加成，药费高而医疗服务价格明显偏低。为改变这一状况，必须做到一“降”一“升”。“降”就是要在成本核算基础上，逐步取消药品加成，降低药品和大型设备检查价格；“升”就是要提高诊疗费、手术费、护理费等医疗技术服务价格，体现医疗服务合理成本和医务人员技术劳务价值。“升”的费用更多地由医保支出，不增加群众自付负担。总体上使医药费用得到有效控制。

政策传真

2012年5省区县级公立医院将全面取消药品加成

近年来，各公立医院改革试点地区从药品购销、收支管理、支付制度以及加成政策等环节入手，探索了多种取消“以药补医”机制的具体做法。据卫生部不完全统计，目前全国已有19个省市共600多家县级医院启动了综合改革试点。2012年将有浙江、陕西、甘肃、青海、宁夏等5省区实现县级公立医院综合改革全覆盖，全面取消县级公立医院药品加成。

建公益机制。长期以来，公立医院在运行管理上形成了与“以药补医”相适应的体制机制。深化公立医院改革，必须在体制机制上除旧布新。比如，在管理体制上，明确政府主体责任，建立以公益性为核心的绩效考核管理制度。在分配机制上，以专业技术能力、工作业绩和患者满意度作为评价医生的主要标准，切断医生收入与药品和检查收入挂钩的利益链条。在支付制度上，采用总额预付、按人头、按病种付费等多种支付方式，引导医院主动控制成本。

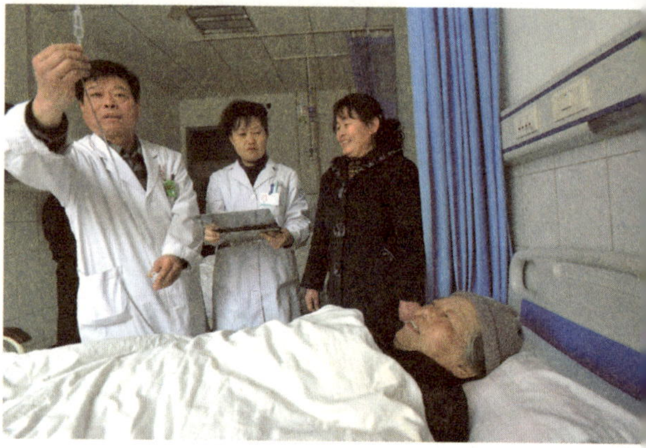

按病种付费是目前国际公认较为科学合理的医疗费用支付方式，是将诊断相近、治疗手段相近、医疗费用相近的住院患者，分入若干病组，限定治疗的最高金额。这有利于控制医疗费用增长，促进医院节省医疗成本。2011年7月以来，北京、山东等地开展按病种付费试点。图为患者在山东章丘市第二人民医院接受治疗。

在强化政府办医责任的同时，也要鼓励和引导社会资本发展医疗卫生事业，加快构建多元办医格局。这有利于激发公立医院改革的内在动力。应进一步消除政策障碍，优化发展环境，加快发展非公立医疗机构，与公立医疗机构相互补充、相互促进，推动公立医院改革。

◎如何强化医药监管控费用

医药卫生行业是一个十分特殊的行业。一方面，它与每个人的生命健康息息相关；另一方面，它的高度专业性和技术性，造成医患之间信息不对称，普通群众很难对医药服务行为和价格作出准确判断。事实证明，仅靠市场自发调节和行业自律，难以完全杜绝不合理诊疗、不合理收费等现象的发生。因此，必须加强政府监管，让群众安心、放心地接受医疗卫生服务。

近年来，有关部门采取一系列措施加强外部监管，取得积极成效。比如，与公立医院签订控制医药费用工作责任状，把控费工作与对医院的补助、考核等挂钩；严肃查处药品招标采购、医保报销等环节中的违法违规行为，大力纠正行业不正之风；等等。这些举措，对于控制医药费用不合理增长发挥了积极作用。要继续加大监管力度，进一步规范医疗服务，降低医药费用。

政策传真

国家发改委降低部分药品价格

2012年5月1日起，国家发改委调整部分消化系统类药品最高零售限价，共涉及53个品种，300多个剂型规格，平均降幅17%，其中高价药品平均降幅22%。此次降价预计每年可减轻群众负担30多亿元。

大力规范和整顿药品流通秩序。针对目前药品流通环节秩序混乱的问题，要积极促进药品生产、流通企业的整合，积极发展现代药品物流和连锁经营，降低流通成本。加强产供销各环节的监管，杜绝旧药“高价复出”。推行阳光招标采购，严肃查处医药购销中的商业贿赂。

强化对医疗机构运行的监管。加强政府宏观调控，对医疗机构布局和规模进行科学规划，抑制公立医院盲目扩张，禁止举债建设、转嫁费用到患者身上。加强对公立医院财务监管，将其所有财务收支统一管理，提高资金使用效率，堵塞收支漏

专家点评

解决药价虚高需打破“气球效应”

王虎峰（中国人民大学医改研究中心主任）：药品从生产、流通到使用环节，其利益分配是连通的、游走的，就像个气球，你从这边挤，它又从那边冒出来了。必须统筹生产流通和使用环节的改革、监管、调控，这样才有可能理顺、打通从上游到下游的整个医药生态链，把药价真正降下来。

甘肃人民医院医护人员共同签名宣誓拒收红包，树立高尚医德风尚。

洞，降低服务成本。继续推动医药费用公开、透明，主动接受社会监督。

规范医务人员从医行为。加强医德医风建设，重视医务人员人文素养培养和职业素质教育，大力弘扬救死扶伤精神，加强对收受患者红包、药品回扣等违法违规行为的查处。同时，优化医务人员执业环境和条件，保护医务人员的合法权益，调动医务人员改善服务和提高效率的积极性。

古语说，“良医治未病”。降低群众医药负担，还要重视预防保健，努力使群众少得病。坚持“预防为主”方针，加强预防保健和健康教育宣传，做好疾病防控等公共卫生工作，提高群众健康意识和自我保健能力，倡导积极健康的生活方式。

相关链接

1.《“十二五”期间深化医药卫生体制改革规划暨实施方案》，中央人民政府门户网站。

2.《深化医药卫生体制改革2012年主要工作安排》，中央人民政府门户网站。

4 让学生健康快乐地成长

——素质教育如何推进

“作业当堂清，书包不回家；我们快乐学，个个顶呱呱。”山东烟台中小学生中流传的这段童谣，反映了近些年来当地实施素质教育后，学生身心健康发展、综合素质不断提高的喜人局面。同时，一项对全球21个国家的调查显示，中国孩子的计算能力排名第一，想象力倒数第一，创造力倒数第五，引起了人们对教育现状的担忧和反思。这一正一反的例子说明，大力推进素质教育，破除应试教育的弊端，是教育改革发展必须解决的重大课题。

今天，我们正处于从教育大国迈向教育强国的进程中，切实推进素质教育、培养全面发展的高素质人才，是建设创新型国家的迫切需要，也是办好人民满意教育的必然要求。

◎素质教育为何备受关注

改革开放以来特别是近年来，我国教育发展取得令人瞩目的成就：城乡免费义务教育全面实现，所有适龄儿童“不花钱，有学上”；高等教育进入大众化阶段，毛入学率达26.9%；国家财政性教育经费大幅增加，2012年将实现占国内生产总值4%的目标……我们举办着世界上最大规模的教育，为经济社会发展提供了坚实的人才保证和智力支撑。

同时，当前教育还不能适应时代发展新要求和人民群众新期待，特别是素质教育问题十分突出。不论是学生抱怨课业负担沉重，还是家长感慨为子女“择校”的奔波，不论是人们诟病各种“补习班”的畸形发展，还是老师诉苦在升学率面前“压力山大”……都反映了全社会共同的呼声——改变应试教育现状，实施素质教育。

为什么素质教育聚焦了这么多人的关注，牵动着全社会的神经？

素质教育是时代发展的呼唤。当今时代，科技进步日新月异，知识经济迅猛推进，经济社会发展日益转向创新驱

芬兰：教育创造竞争力

近几年全球竞争力排行榜中，北欧小国芬兰一直名列前茅，成为最具竞争力的国家之一。究其原因，在于完备的教育体系和良好的创新环境。芬兰从基础教育到高等教育，自始至终贯穿着对学生创造力的培养。基础教育非常重视培养孩子的动手能力和创造性思维。高中教育把培养综合素质高、有创造力和合作精神、能够独立探求知识的社会成员作为根本目的。高等教育鼓励学生创新，被广泛使用的Linux操作系统，就是赫尔辛基大学的一位学生开发出来的。多年来，大学为国家和企业培养出大批高素质的创新型人才，成为芬兰国家创新体系的坚强基石。

动。只有高度重视和发展素质教育，大力培养创新型人才，才能抢占发展主动权和制高点，才能在激烈的国际竞争中立于不败之地。

素质教育决定着国家的未来。兴国必先兴学，强国必先强教。现在我们与发达国家在经济和科技上的差距，说到底是人的素质的差距。只有全面推进素质教育，打造大批一流的人才，才能加快实现发展方式的转变，提升发展的质量，为国家发展和民族振兴奠定坚实的人才基础。

素质教育关系亿万家庭的幸福。在很多父母心中，子女是整个家庭的中心，特别是现在的孩子大多数是独生子女，寄托了几代人的希望。只有通过素质教育，才能让青少年成为身心健康的人、人格健全的人、学有所长的人，每个家庭的幸福生活才真正有盼头。

素质教育也是教育自身改革发展的需要。目前，我国教育发展正处在由全面普及向质量提升跨越的阶段，“有学上”的问题基本解决，“上好学”的问题日益凸显。只有全面贯彻党的教育方针，大力实施素质教育，才能推动我国教育在新的起点上向前发展，实现教育强国的目标。

◎素质教育为何难落实

早在20世纪80年代中期，为了纠正中小学教育片面追求升学率的倾向，促进学生全面发展，我国就提出了素质教育的要求。从那时起，素质教育就成为我国教育改革发展的重要理念。国家围绕实施素质教育先后推出一系列重大举措，各地也大胆探索，创造出不少有益经验。

但总体来看，素质教育仍未真正破题，“素质教育喊得震天动地，应试教育搞得扎扎实实”的局面还没有根本扭转。面对愈演愈烈的学生“负担重”、“择校热”等问题，人们不禁

深度解读

素质教育的提出与推行

1985年5月，《中共中央关于教育体制改革的决定》提出“提高民族素质，多出人才、出好人才”，这成为素质教育实践的思想源头。

1994年8月，《中共中央关于进一步加强和改进学校德育工作的若干意见》发布，第一次正式在中央文件中使用素质教育的概念。

1999年6月，《中共中央国务院关于深化教育改革、全面推进素质教育的决定》发布，进一步明确提出了大中小学都要加强素质教育的要求。

2006年9月，新修订的《义务教育法》施行，素质教育进入依法实施阶段。

2010年7月，《国家中长期教育改革和发展规划纲要（2010—2020年）》颁布实施，把全面实施素质教育确立为中国教育改革和发展的战略主题。

上海市构建义务教育质量“绿色评价”体系

为改变以学科分数作为教学质量唯一评价标准，形成让广大中小学生快乐学习、促进素质教育的更科学全面的“指挥棒”，上海市构建了义务教育质量“绿色评价”体系，主要包括十项绿色指标：学生学业水平指数；学生学习动力指数；学生学业负担指数；师生关系指数；教师教学方式指数；校长课程领导力指数；学生社会经济背景对学业成绩的影响指数；学生品德行为指数；学生身心健康指数；跨年度进步指数。

感叹，“素质教育，想说爱你不容易”。为何素质教育人人叫好，落实起来却举步维艰呢？

社会竞争压力巨大。当前，我国就业等各方面竞争日趋激烈，行业间社会地位悬殊、收入差距扩大。同时，社会普遍认可的评价标准还是学历、成绩、名校，对很多人来讲，只有考个好成绩、进入好学校，才能找个好工作。这种压力必然驱动考试竞争不断升级。

优质教育资源短缺。虽然我国教育发展水平不断提高，但优质教育资源“粥少僧多”、分布不均的状况没有根本缓解。而随着社会的发展进步和独生子女时代的来临，人们对优质教育资源的需求越来越大。为争取有限的资源，只能通过考高分拿到进入名校的“通行证”，这无疑助推了应试教育。

2007年5月，国务院决定在教育部直属师范大学实行师范生免费教育。2011年，10597名首批免费师范生毕业，全部到中小学任教，90%以上在中西部的中小学任教，39%到了县镇及以下的中小学任教。图为首届毕业生李婵娟在给学生上课。

教育改革滞后掣肘。我国现有教育体制中，还存在一些不利于实施素质教育的问题。比如，一些地方还固守“唯升学率”的教育评价机制，升学率高就可以“一俊遮百丑”、升学率低就“一无是处”。考试招生制度“唯分是举”，以至于一些学校所有的教育活动都围绕着升学考试转。另外，学校课程设置和教学方式等还不完全适应素质教育的要求。

专家点评

义务教育本应是素质教育

储朝晖（中国教育科学研究院研究员）：九年义务教育本来是国民素质教育，但在一些地方被异化为所谓的精英选拔，由此导致的人格教育缺陷令人担忧。一些学校在教育理念方面仍然存在“分数压倒一切”的误区，甚至发生用“绿领巾”、“红校服”这种特殊标记来评价学生之类的教育歧视事件，严重损害了一些学生的人格尊严，忽视了未成年人的权利。

传统文化观念影响。“十年寒窗无人问，一举成名天下知。”受上千年传统文化和科举制度的影响，人们普遍把升学作为成功成才、出人头地的唯一途径，把命运的改变、社会地位的提升仅仅寄托于上大学、上好大学，这也是应试教育大行其道的重要土壤。

实现从应试教育到素质教育的转变，是教育领域的一场深刻变革，既是一场攻坚战，也是一场持久战。要把以人为本、全面实施素质教育作为战略主题，贯穿到教育改革发展的全过程。坚持德育为先、能力为重、全面发展，着力提高学生社会责任感、创新精神和实践能力，使学生成为德智体美全面发展的社会主义建设者和接班人。

◎ 素质教育为何需协力共推

提起素质教育落实难，人人都有一肚子苦水。有专家形象地用“家长焦虑、学生郁闷、教师困惑、社会迷茫”，来形容人们的纠结与无奈。如此这般，就陷入一个素质教育人人期待、却人人无力，应试教育人人声讨、却人人助推的“僵局”。

实施素质教育，是一项复杂的系统工程，不仅是学校的事，也不仅是教育部门的事，而是涉及学校、家庭、社会各个方面。只有政府、学校、家庭、社会相互理解、相互配合，才能营造

百姓心声

- 素质教育就是要避免这样的怪圈：幼儿园读小学的内容，小学读初中的内容，初中读高中的内容，高中读大学的内容，而大学读幼儿园的内容——学习如何做人。
- 没有钱办不好教育，有了钱不改革体制和机制问题，同样办不好教育。
- 凡是与考试有关的教育，我们做得“过度”了；凡是与考试无关但与孩子发展相关的教育，却做得“不及”。
- 一边对应试教育口诛笔伐，一边却为应试教育推波助澜；一边大谈素质教育，一边却把考试分数、升学率作为评价办学质量的最重要标准。

有利于素质教育落实的良好育人环境，共同担负起培育下一代的责任。

政府是主导。教育是关系国计民生的战略性、基础性事业，让人民群众接受良好教育，是政府义不容辞的职责。各级政府应树立科学的教育政绩观，充分发挥政策引导作用，加强对学校推行素质教育的指导。按照4%的目标，加大财政投入力度，提供更多的优质教育资源，促进教育公平。教育行政部门不应用升学率对学校进行排名和奖惩，不向学校下达升学指标，为学校推进素质教育创造宽松条件。

学校是关键。作为培养人才的摇篮，学校是落实素质教育的主阵地。各级各类学校都应树立正确办学理念，尊重教育规律和学生成长规律，强化德育为先、能力为重、全面发展的育人理念。真正把提高学生素质、促进学生健康成长作为学校一切工作的出发点和落脚点，尊重每个学生的个性，关爱每个学生的进步，为他们的发展提供适合的教育。

内蒙古呼和浩特从2012年起，在3年内新建、改扩建56所公办幼儿园，解决“入园难”；明确规定中小学班额的标准，解决“超编班”问题；严格执行义务教育“划片、免试、就近”入学，逐步消除“择校热”现象。图为该市黄合少镇第二中心学校老师正给学生解答问题。

家庭是基础。父母是儿女的第一任老师，家庭是人成长的第一站。不少家长怀着望子成龙的期待，在社会大环境影响下，不顾子女的兴趣爱好，让他们学“奥数”、考证书、上“占坑班”……成为应试教育的“推手”。其实，这是对教育规律的扭曲，而很多家长或浑然不觉，或无可奈何。父母应该树立正确的教育观念，以子女的身心健康和成长成才为根本，不能盲目地揠苗助长，甚至把自己的愿望强加到子女身上。应该配合学校安排好学生的课余生活，避免“学校减负、家长加压”，把家庭变成“第二战场”。

俗话说：三百六十行，行行出状元。目前我国职业有8个大类、66个中类、413个小类、1838个细类，并且还有逐年增加的趋势。图为一位烹饪师以牛腿瓜为材料制作果蔬雕作品。

此外，社会对人的评价机制、用人机制，对教育具有直接的导向作用。应该倡导正确的人才观，改变单纯追求学历、追求文凭的倾向，形成使用人才重素质、重实际能力的观念。大力营造“身份无高低、职业无贵贱”的社会风气，消除行业歧视，缩小行业间收入差距，使人们不再仅仅靠拼升学、拼职业赢得社会尊重。努力消除社会浮躁之气、功利之风对教育的侵蚀，让教育回归育人的本真。

◎ 考试评价制度怎么改

“考考考，老师的法宝；分分分，学生的命根。”从入学考到毕业考，从期中考到期末考，从中考到高考……自入学起，每个学生都要经历不计其数、名目繁多的考试。在当前社会条件下，考试作为评价教育教学的重要手段，作为一种相对公平的人才选拔方式，必然还会长期存在。但考什么、怎么考，直接影响着素质教育落实的成效。

《山东省教育体制改革推进计划（2011—2015年）》提出，将逐步推行本科与专科（高职）入学分类考试，普通本科入学考试继续执行全国招生政策，统一组织考试，结合学业水平考试和综合素质评价择优录取；高等职业教育入学考试由山东省自定政策，单独组织考试、录取。图为考生在考点熟悉考场。

理想的考试评价制度，可以实现“一手托两家”，既能满足对各类人才的选拔，又能始终把正评价导向、教育方向。为实现这一目标，近年来，考试评价制度改革正在稳步推进。中考把日常评价与毕业考试评价结合，增加了综合素质评价。高考在部分省份进行自主命题改革，一些高校开展基于高考的综合评价招生。这些探索对实施素质教育起到了积极作用。

但在现行考试评价制度下，考试依然是整个教育教学活动的“指挥棒”，对学生的评价仍然集中在考试分数上，对学校和教师的评价集中在升学率上。特别是“一考定终身”的高考模式，不仅“指挥”高中，左右初中，而且已经影响到小学甚至学前阶段。有人提出“高考不改，素质教育就不会成功”。为此，必须通过改革，建立起更加合理、公正、公平和科学评价学生的体系。

调整考试内容，变“为考试而学”为“为选才而考”。现行考试评价制度，过于注重对学生基础知识的测试，缺乏对综合素质的考查，其结果是学生“学习是为了考试”，选拔出“背多分”。纠正这一偏向，就要对考试内容进行调整，努力使考试科目和命题内容进一步贴近时代、社会和考生的实际，更科学地考查学生分析和解决问题的能力。2002年以来，在全国范围推行“3+X”高考科目设置和考试内容改革，目前全国

2012年江苏省仍将采用“3（语文、数学、外语）+学业水平测试+综合素质评价”的高考模式。图为2011年3月17日，在南京田家炳高级中学考点，考生们等待进入考场。

有16个省份进行自主命题考试，考试内容更加灵活丰富。

探索分类考试，变“格式化”为“个性化”。长期以来，我们的考试忽略学生个性发展，不利于多层次、多样化人才的选拔。为改变这种现状，教育规划纲要提出，逐步实施高等学校分类入学考试。普通高等学校本科入学考试由全国统一组织，高等职业院校则可以单独考试或以学业水平考试成绩作为录取主要依据。这样就能依据不同的标准，选拔不同的人才。2011年开展了普通本科和高等职业教育分类入学考试试点，高职单独录取考生约66万人。

2012年3月16—18日，上海交通大学自主招生考试举行复试，图为参加复试的考生步入考场。

推行多元录取，变“独木桥”为“立交桥”。长期以来，高考是依据单一考试成绩来录取，很多学生因一次失利而影响

深度解读

何为多元录取机制

教育规划纲要明确指出，要“建立健全有利于促进入学机会公平、有利于优秀人才选拔的多元录取机制”。多元录取，简单而言就是指不唯分数录取。具体情况是：普通高校本科招生以统一入学考试为基本方式，结合学业水平考试和综合素质评价择优录取；对特长突出、符合学校培养要求的，依据面试或测试结果自主录取；高中阶段全面发展、表现优异的，推荐录取；符合条件、自愿到国家需要的行业、地区就业的，签订协议实行定向录取；对在实践岗位上作出突出贡献或具有特殊才能的，建立专门程序，破格录取。

一生。目前，正在健全多元录取机制，高等学校普通本科招生以统一入学考试为基本方式，同时积极探索自主录取、推荐录取、定向录取、破格录取等多种方式。目前已有90所高校探索自主选拔录取，为广大学子跻身大学校园提供了更多机会。

实施素质教育，既要通过改革考试招生制度合理评价学生，也要建立对老师和学校的科学评价机制。应完善科学的教师绩效评价制度，对教师的德、识、能、绩等进行全面评估，改变只凭学生考试分数评价教学成绩优劣的做法。建立以素质教育为导向的学校评价制度，完善教育质量监测评估体系，纠正单纯以升学率评判办学质量和效益的倾向。

◎ 教育教学改革怎么深化

实施素质教育，涉及教育观念、教育体制、教学方式、教学内容的全方位调整。只有通过深化改革，在教育教学重点领域和关键环节上取得突破，打破不合理的应试教育体制机制，才能激发课堂教学活力、学校办学活力，把素质教育真正落到实处。

广东省中山市着眼学生综合能力的培养，积极探索素质教育新方式，根据学生兴趣爱好开设围棋、书法、机器人模型设计等新课程。图为学生在上围棋课。

目前，教育教学改革仍然不能适应社会发展和学生

2010年10月24日，国务院办公厅发布《关于开展国家教育体制改革试点的通知》，从专项改革、重点领域综合改革和省级政府教育统筹综合改革三个层面，明确了改革的重点任务和试点地区、学校名单，标志着我国教育体制改革试点全面启动。图为秦皇岛东港镇第二小学支教老师在给孩子们上音乐课。

成长的需要，学用脱节、课业负担沉重、学生厌学等问题突出，既损害学生身心健康，又制约素质教育的实施。必须以课堂教学为中心，继续深化教育教学改革，逐步健全适应素质教育要求的教育教学体制。

优化教学内容。在很多学校，课程内容“老旧死”，超时排课、挤占副课现象突出。2011年年底，修订后的义务教育19个新课程标准发布，减少了课程容量、降低了课程难度，更加注重创新精神和实践能力培养。应按照新课程标准的要求，既开足开好规定课程，又不随意增加课时和提高难度，让学生有更多时间去思考、去动手、去锻炼。课堂教学中，应根据学生认知和接受能力，落实好有助于提升人文和科学素养、提高实践能力的教学内容。

创新教学方式。教学有法，但无定法，贵在得法。现在很多学校仍然沿袭着“一块黑板一支笔，一人从头讲到底”的

“填鸭式”教学，使课堂乏味、学生厌倦。要推进教学方式方法的改革创新，倡导启发式、探究式、讨论式、参与式教学，增加与学生的互动交流，增强课堂教学的吸引力和感染力。引导学生掌握科学的学习方式，让学生主动参与、乐于钻研、勤于动手，提高学习的能力和效果。

素质教育的实施，课堂教学是最直观的体现，而背后则需要整个教育体制全面“发力”。必须在深化教学改革的同时，进一步深化教育体制全方位改革，为推进素质教育提供有力制度保障。

教育规划纲要对管理体制、办学体制、人才培养体制等方面的改革，进行了全面部署。应围绕实施素质教育，大力推进政校分开、管办分离，建设现代学校制度，克服行政化倾向，扩大学校办学自主权，鼓励学校办出特色、办出水平，避免千校一面。创新多种办学形式，促进公办教育和民办教育共同发展，缓解优质教育资源短缺的矛盾，增加教育选择机会，满足人们多样化教育需求。更新人才培

安徽省合肥市蜀山区西园小学从2010年起开展素质教育“课程幸福DIY”，开设了科技类、制作类、艺术类等43门课程，供全校学生自主选择，充分发展每个学生的兴趣特长。图为秧歌班的同学们正在排练。

养观念，探索多种培养方式，推进小学、中学、大学有机衔接，促进普通教育与职业教育协调发展，既培养拔尖创新人才、高层次复合型人才，又培养实用技能型人才和各种高素质的劳动者。

教育是家事，更是国事；是今天，更是明天。全社会都应积极行动起来，共同推进素质教育的落实，给每个孩子一个健康快乐的童年，给亿万家庭一个幸福美好的希望，给国家民族一个更加光明的未来。

相关链接

《国家中长期教育改革和发展规划纲要（2010—2020年）》，人民出版社2010年版。

5 扬起向善的风帆

——道德风气如何提升

2011年10月，一段监控视频深深刺痛了人们的心：广东佛山，两岁女孩小悦悦，被两辆汽车先后碾轧，18个路人经过却都未施以援手，一朵尚未绽放的小花最终不幸凋零。全国上下一片哗然，人们在震惊、悲愤之余，也在叩问：我们的道德到底怎么了？

人无德不立，国无德不兴。道德的血液在我们这个泱泱大国的血脉里流淌了五千年。然而，在经济快速发展、取得历史性进步的今天，却遇到了“道德的困扰”，道德问题又一次成为人们关注的焦点。整个社会都在思考：在改革开放和发展市场经济的条件下，如何认识和看待我们的道德状况，如何构筑和坚守我们的道德家园？

◎ 道德现状怎么看

面对以"小悦悦事件"为代表的败德现象，"道德滑坡"的观点颇有市场，甚至有人认为"中华民族到了道德危机的地步"。但也有人认为，这是"危言耸听"，我们道德的主流还是积极进步的。到底应该如何看待我国目前的道德状况呢？

事实最有说服力。大量的事实昭示着社会道德的进步，大家有目共睹。

无论是人们民族自豪感、爱国主义热情、遵法守规意识、敬业进取精神的大大增强，还是公共秩序的明显改善、文明礼

从左到右依次为：
① "最美妈妈"吴菊萍（左）救下从10楼不慎坠楼的妞妞（右）。
② "最美司机"吴斌在肝脏粉碎的情况下，强忍疼痛平稳停车，保证了24名乘客的安全。图左为其生前照片，图右为遭遇铁块意外撞击的瞬间。
③ "最美教师"张丽莉在危急时刻为救学生奋不顾身而被汽车轧断双腿。

仪的广泛普及、志愿服务的蓬勃开展，都反映着社会文明程度伴随着改革开放的进程悄然提升，人民群众日益焕发出昂扬向上的精神风貌。

无论是以任长霞、沈浩、杨善洲为代表的优秀领导干部，还是以“当代雷锋”郭明义、“最美妈妈”吴菊萍、“最美司机”吴斌、“最美教师”张丽莉为代表的“平民英雄”，这些时代楷模、先进典型层出不穷、灿若星云。他们以关爱他人、感人至深的善行义举，以无私无畏、勇于奉献的责任担当，向我们诠释着道德良知，彰显着人间大爱，展示着文明风尚。

特别是在关键时刻，国人的道德风貌更是表现得淋漓尽致。每遇大灾大难，都会出现“一方有难、八方支援”的动人场面，汶川地震后一句“我们都是汶川人！”，让无数人热血奔涌；每逢重大活动，都会看到成千上万志愿者奔波忙碌的身影，从北京奥运会的“鸟巢一代”到上海世博会的“小白菜”……他们服务社会、无私奉献的精神成为一道亮丽的道德风景线。对此，西方媒体也不吝惜赞美的语言、艳羡的目光。

也不可否认，社会道德领域还存在许多败德现象。

2012年4月，15家企业74批次胶囊产品被查出铬超标。图为山东青岛查处涉嫌铬超标药用空心胶囊产品。

一些官员腐败案件屡屡发生。王益、黄瑶、许宗衡、张春江、刘志军等腐败分子，以权谋私、贪污腐化，情节严重，性质恶劣。

一些无良企业被频频曝光。黑心棉、毒奶粉、毒胶囊……商业欺诈现象屡禁不止，假冒伪劣产品层出不穷，丧失起码的道德底线。

一些见危不扶、见死不救的事件时常见诸报端。老人跌倒路边无人相助，救人之前先提出高额费用，公交车上面对歹徒行凶乘客袖手旁观……令人倍感世态炎凉人情淡漠。

可见，我们正经历道德的进步，也承受着道德的阵痛；我们身边处处演绎着浓情大爱的“最美”事迹，也不时出现令人寒心的失德行为。正如有人所说，中国的道德状况是一幅“感动与疼痛交织、忧虑与希望同在、主流进步与问题突出并存”的复杂图景。因而，要全面、客观地认识社会道德的“全貌”，对存在的问题不能视而不见、粉饰太平，也不能从一些失德败德现象简单推定出“道德滑坡”的结论。

人类文明演进的历史告诉我们，社会道德进步从来都不是平坦的、直线的，而是螺旋式上升的，是在战胜各种挑战中不断前行的。种种失德败德现象，是道德前进途中必须跨越的荆棘，是文明发展路上必须经历的磨练。我们既要增强道德建设的紧迫感和责任感，不断推进社会风气的改善，也要以理性、平和的心态来看待，对中华美德的传承光大充满信心和希望。

◎ 道德建设怎么改进

古语说：“玉不琢，不成器；人不学，不知义。”一个人的道德品质需要长期教育和灌输，整个社会的道德风气也需要精心培育和引导。

从倡导“五讲四美三热爱”到开展“讲文明、树新风”活动，从颁布《公民道德建设实施纲要》到提出树立社会主义荣辱观，从群众性精神文明创建活动的普遍开展到“道德模范”的评选表彰……改革开放30多年来，道德建设的脚步从未停歇。

道德名言

富润屋，德润身。——《礼记》

德，国家之基也。——《左传》

勿以恶小而为之，勿以善小而不为。——《三国志》

功莫大于去恶而好善，罪莫大于去善而为恶。——贾谊

树高者鸟宿之，德厚者士趋之。——刘向

而社会的发展变化也不断对道德建设提出新课题。面对当前道德领域的新情况新问题，要在总结过去经验的基础上，按照党的十七届六中全会提出的新部署新要求，不断与时俱进、改进创新，提高道德建设的针对性和实效性。

注重实践养成。道德建设不应是空洞的说教，而重在实践

“德耀中华”——第三届全国道德模范评选表彰颁奖典礼现场。

的养成。应紧密联系人们的生产生活实际，把道德建设融入日常工作学习中，鼓励人们由近及远、由浅入深，自觉遵守社会公德、职业道德、家庭美德、个人品德的要求。开展喜闻乐见的道德实践活动，让人们在为家庭谋幸福、为他人送温暖、为社会作奉献的过程中，领悟崇高、感受光荣，提升精神境界、培育文明风尚。

抓住重点人群。道德建设既应面向全体社会成员，又要抓住重点、以点带面。官德正则民风淳，官德毁则民风降。领导干部的道德水准应该成为社会道德的标杆。应大力推动领导干部修身立德，完善“官德”考评，使之为全社会作出表率。公众人物社会知名度高、影响力大，应该时刻加强自律，树立良好形象，以自身的模范言行发挥积极引领作用。青少年是国家的未来和希望，道德建设必须从娃娃抓起，使孩子们从小养成良好的道德品质。

治理突出问题。当前道德领域问题很多，不可能短时期一并解决，应该从最突出、影响最恶劣、群众反映最强烈的问题抓起，集中力量，抓出成效。当前要围绕纠正以权谋私、造假欺诈、见利忘义、损人利己的歪风邪气，深入开展专项教育和治理，努力使这几个方面问题得到明显改变，增强群众对道德建设的信心。

善用榜样带动。“点亮一盏灯，照亮一大片”，榜样的力量是无穷的。近年来推出的郭明义、林秀贞等一大批先进典型，成为道德建设的鲜活教材。短短一年多，郭明义的微博粉丝就突破1000万，爱心团队遍布全国17个省市。应该继续精心选树典型，特别是动员群众发现身边的感动、评选身边的好人，引导人们见贤思齐、择善而从。

俗话说，“十年树木，百年树人”。道德的培育是一个润物无声、潜移默化的过程，不是一日之功，不可能一蹴而就。应该坚持从实际出发，尊重道德建设

郭明义，鞍钢集团矿业公司齐大山铁矿工人。2012年3月2日，被中央文明委授予“当代雷锋”荣誉称号。图为郭明义和他的微博。

的自身规律，持之以恒，久久为功，“积小德为大德，积小善为大善”，不断提高全社会的道德素质和文明程度。

◎制度保障怎么完善

“好心人”救人免责、鼓励为“好心人”作证、被救助人诬陷敲诈或被刑拘……2011年11月28日，深圳发布了《公民救助行为保护条例（征求意见稿）》。这部被称为全国首部为善意助人者提供保护的法规，成为从制度层面推动道德风气提升的一种尝试。

一提到“道德”，人们往往想到的是循循善诱的教化、春风化雨的熏陶，好像并不需要借助外在的强制力量。然而，“善良是美好的，也是脆弱的”。现实生活当中，如果缺乏强有力的制度规范维护道德行为、惩戒失德行为，人们的行善愿望就可能被遏制、甚至逆转，就可能导致好人“流血又流泪、伤身又伤心”的现象。

人们常说，“道德是最高的法律，法律是最低的道德”。

政策传真

深圳《公民救助行为保护条例（征求意见稿）》主要内容

举证规则。被救助人主张遭遇的人身伤害是救助人造成，要求救助人承担赔偿责任的，应当提供证据证明。

鼓励作证。因救助行为被起诉的，司法行政主管部门应当为其提供法律咨询；为救助人作证的证人提供的证据经查证属实的，应予以物质奖励。

惩戒措施。被救助人明知其提出的主张没有事实依据或者隐瞒歪曲事实真相，要求救助人承担责任的，有关机关可以予以训诫或者责令具结悔过、公开赔礼道歉；涉嫌诈骗的，由公安机关予以罚款或行政拘留；涉嫌犯罪的，移送司法机关依法处理。

这也说明，在抑恶扬善上，道德与制度、与法律是根本一致的。提升社会道德风气，既要靠良知、靠教育，也要靠制度来“保驾护航”。通过完善法制、强化监督、惩治败德等一系列制度手段发出强烈信号，让善者无后忧、让恶者不敢恶。

近年来，我国很多地方制定出台了鼓励和表彰见义勇为的政策措施。图为2012年3月1日，浙江省德清县为见义勇为者上门颁奖。

定底线，明规则。一些人言行举止越过道德底线，丧失最基本的荣辱感，人们对此反映最为强烈、深恶痛绝。道德管不了的，必须依靠强有力的制度来管。应完善健全相关法律法规，明确宣示任何失德行为都将产生不利后果，尤其是触及制度“红线”的严重行为，必须承担相应法律责任。加强道德立法，推动一些基本的道德规范上升为法律规范，对言行越过底线的人给予规约和制裁。

彰善举，惩恶行。“善有善报，恶有恶报”，这是人们最朴素的道德信条。但现实中，却往往出现好人吃亏、坏人得利的情况。应完善相关政策制度，对模范道德行为给予奖励保护，为好人化解道德风险，使其权益得到法律保护。目前，我国已有29个省区市相继制定了对见义勇为奖励和保护的政策措施。同时，应建立对失德违法行为的惩戒机制，形成震慑失德者的强大力量。

强监管，抓执行。制度的生命力在于执行力。必须下决心狠抓执行力，切实维护司法的公平和公正，扶正祛邪、惩恶扬善，使行善者不必畏首畏尾，让失德者时时诚惶诚恐，推动形成健康的道德环境。

百姓心声

- 生活中并不缺乏温暖与善意，只要我们用心汲取，终将汇成改变你我的温暖洪流。
- 有法律制度做后盾，道德才有攀登更高山峰的信心和力量。
- 只有保护好见义勇为者，见死不救者才会越来越少。
- 每一次“痛心”与“焦虑”的背后，恰恰说明，如潮的向善之心从未泯灭和走远。

◎诚信体系怎么建

“人而无信，不知其可也。”诚实守信是公民道德的基石，是对每个人最起码的道德要求，同时也是一种经济道德、社会公德。“诚招天下客，誉从信中来”，诚信是市场经济的本质属性，是企业宝贵的无形资产。诚信也是社会和谐的纽带，如果不能在公民中普遍地培育起诚信意识，人与人就难以融洽相处，整个社会就难以安定有序。

然而，在当前我国经济加速转型、社会深刻变革的过程中，由于一些人诚信意识淡薄、信用监督机制不健全、失信成本过低等原因，诚信缺失问题仍相当突出，商业欺诈、制假售假、虚报冒领、学术不端等现象屡禁不止。失信行为像“沙尘暴”一样吞噬着信用的“绿洲”，建立社会诚信体系，已成为

业无信不兴，很多中华老字号之所以上百年保持美誉，奥秘就在于恪守诚信。图为北京前门商业街上的老字号。

道德建设刻不容缓的重大任务。

诚信体系建设是一项复杂的社会系统工程，需要从教育引导、舆论监督、法律惩戒等多方面入手。在全社会大力倡导诚信为本、操守为重，加强诚信法制建设，加大对失信行为惩戒力度，广泛形成守信光荣、失信可耻的氛围。当前，要以政务诚信、商务诚信、社会诚信和司法公信建设为重点，以建立和完善相关法律制度为保障，加快建立我国现代社会诚信体系的基本框架和运行机制。而其中至关重要的，是建立覆盖全社会的征信系统。

所谓征信，就是依法采集个人和企业的信用信息，为每个

专家点评

诚实守信是良好道德的基础

罗国杰（中国伦理学会名誉会长）：诚实守信是社会健康发展的重要保障，是传统美德和革命传统的要求，是建立市场经济秩序的基石，是一切职业道德的立足点。诚实守信建设，迫切需要建立一套诚信机制、诚信体系、诚信档案，加强诚信教育。

人和企业建立一个永久相伴的信用档案。有人形象地把它称为"信用身份证"。如果发生了失信行为，"信用身份证"将被抹上灰色的一笔，以后在申请贷款、求职、进行商业合作时，将面临更加谨慎和挑剔的目光，甚至被拒之门外。可以说，征信系统就是一个"紧箍咒"，能有效约束个人和企业信用行为，推动形成良好的社会信用环境。

以1860年美国纽约布鲁克林成立第一家信用局为标志，西方发达国家建立信用制度已有150多年的历史，形成了较为完备的征信系统和信用体系。我国的征信系统建设是从信贷信用征信起步的。中国人民银行1997年开始筹建银行信贷登记咨询系统，2003年国务院赋予人民银行"管理信贷征信业，推动建立社会信用体系"的职责。截至2011年年底，已为1800多万户企业和约8亿自然人建立了信用档案。

但总体来看，我国的征信系统建设还不成熟，滞后于经济社会发展需求。2011年10月19日，国务院常务会议对"十二五"期间征信系统建设作出部署。要求抓紧制定《征信管理条例》，以社会成员信用信息的记录、整合和应用为重点，建设覆盖全社会的征信系统。

政策传真

"十二五"时期我国社会征信系统建设主要任务

1. 加快征信立法和制度建设，建立异议处理、投诉办理和侵权责任追究制度。
2. 推进行业、部门和地方信用建设，对失信行为进行协同监管。
3. 建设覆盖全国的征信系统，充分发挥信用资讯对失信行为的监督和约束作用。
4. 加强监管，完善信用服务市场体系。
5. 加强政务诚信建设，不断提升政府部门公信力。
6. 培养社会诚信意识，加强诚信教育和信用文化知识普及。

2003年，国务院批准中国人民银行成立征信管理局。2006年，中国人民银行企业和个人征信系统实现全国联网。2011年，个人征信系统全年累计查询次数为2.4亿次，企业征信系统全年累计查询次数为6930万次。

按照这一部署，征信系统建设将进一步加快步伐。有关行业、部门和地方将依法依规有效采集个人、企业、事业单位及其他社会组织的信用信息，并加快信息整合，形成统一平台。在此基础上，推动信用信息在全国范围的互联互通，充分发挥信用信息对失信行为的监督和约束作用。

◎今天我们怎样学雷锋

雷锋，一个普通战士的名字，几代中国人的共同记忆。他虽然离开我们已整整50年，但始终是矗立在人们心中不朽的道德丰碑。是什么让这个仅仅走过22年的生命，能够历经时代变迁，一直温暖着我们的心灵，哺育和激励一代又一代人成长？

答案就在于雷锋精神的永恒魅力。无论环境如何变化、社会如何变迁，雷锋身上所体现的服务人民、助人为乐的奉献精神，干一行爱一行、专一行精一行的敬业精神，锐意进取、自强不息的创新精神，艰苦奋斗、勤俭节约的创业精神，都是社会所需要、应当大力倡导的。雷锋精神具有穿越时空的恒久生命力，没有过时也不会过时。

面对当前道德领域的突出问题，雷锋精神更加显示出闪光的意义和价值。以雷锋为标杆，我们才能在思想观念多元多样多变的今天，明确究竟坚持什么、反对什么，褒扬什么、贬斥什么，确立时代的精神坐标，激发前行的道德力量。正因如此，十七届六中全会作出部署，要求“深入开展学雷锋活动，采取措施推动学习活动常态化”。

雷锋精神是常新的。它不是凝固僵化的道德教条，而是与时代同行的精神力量。我们今天学雷锋，不只是对50年前那些

政策传真

学雷锋活动的常态化项目

1. 每年3月5日，在全社会集中组织开展学雷锋实践活动。
2. 每年3月，举办中国公民道德论坛。每两年组织一次全国道德模范评选表彰。
3. 发挥青少年学雷锋的骨干作用，广泛开展各类学雷锋主题实践活动。
4. 广泛开展社会志愿服务，推动建立参与广泛、形式多样、活动经常、机制健全的社会志愿服务体系。
5. 重点加强辽宁省抚顺市、湖南省长沙市和沈阳军区雷锋纪念馆建设。
6. 成立雷锋精神研究的学术性社会组织。
7. 企业要结合自身改革发展和生产经营，广泛开展“岗位学雷锋、争做好员工”活动，把雷锋精神转化为企业精神和企业文化。
8. 加强对学雷锋活动的新闻宣传。
9. 运用文艺形式传扬雷锋精神。

——摘自《中共中央办公厅关于深入开展学雷锋活动的意见》

“好人好事”的简单模仿，而应结合社会环境的深刻变化，深入挖掘雷锋精神的当代价值，赋予其鲜明的时代内涵。应适应人们新的生活方式、接受习惯，创新学雷锋活动的形式载体，使之更富吸引力感染力。

雷锋精神人人可学、处处可为。雷锋精神并非高不可攀，关键时刻挺身而出、见义勇为是学雷锋，献一次血、扶一把老人也是学雷锋，而且更多时候是举手之劳的平凡善举。我们每个人都应将雷锋精神根植心间、落实到行动中，从自己做起、从身边做起、从点滴小事做起。只要每个人伸出一双温暖的手，就能汇聚成爱的森林。

雷锋名言

人的生命是有限的，可是，为人民服务是无限的，我要把有限的生命，投入到无限的为人民服务之中去。

如果你是一滴水，你是否滋润了一寸土地？如果你是一线阳光，你是否照亮了一分黑暗？如果你是一颗粮食，你是否哺育了有用的生命？

青春啊，永远是美好的，可是真正的青春，只属于这些永远力争上游的人，永远忘我劳动的人，永远谦虚的人。

自己活着，就是使别人活得更美好。

学雷锋重在持之以恒。“雷锋叔叔三月来四月走”，是人们对学雷锋形式主义、“一阵风”的讽喻。学雷锋，重在实践、贵在坚持。要把它融入国民教育、精神文明建设全过程，与各种形式的文明创建活动结合起来，成为一项经常性工作，深入持久扎实地开展起来，使雷锋精神永远传承下去、不断发扬光大。

志愿服务是学雷锋的好形式。志愿服务所奉行的奉献、友

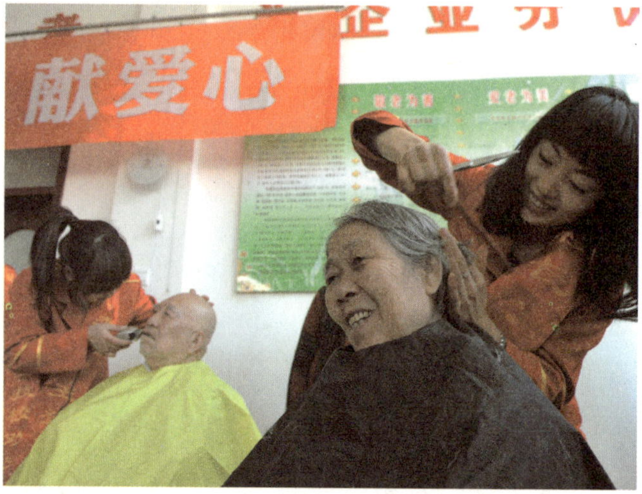

目前，我国注册青年志愿者人数已达3390多万人，建立各类志愿服务站（服务中心、服务基地）17.5万个。

爱、互助、进步的理念，与雷锋精神是高度一致的。当前，志愿服务拥有十分广泛的群众基础，甚至成为很多青年人的一种生活方式。应运用好这一有效载体，动员更多社会成员和社会组织投身到志愿服务中来，广泛开展扶老助残、帮困解难、便民利民等志愿服务活动，为社会奉献自己的爱心和力量。

“厚德载物”，“德行天下”。只要我们共同努力，一定能够汇涓流而成江海，积小善而成大德。一个拥有五千年优良传统的礼仪之邦，一定会以更加自信、更加文明的形象屹立于世界民族之林。

相关链接

1.《中共中央关于深化文化体制改革推动社会主义文化大发展大繁荣若干重大问题的决定》，人民出版社2011年版。

2.《中共中央办公厅关于深入开展学雷锋活动的意见》，人民出版社2012年版。

6 民以食为天 食以安为先

——食品安全如何保障

“2011年，侦破食品安全类犯罪案件5200余起，抓获涉案人员7000余人，286人被判处有期徒刑、无期徒刑或死缓。”这一食品安全整治的“战绩”公布后，引起了社会的广泛关注和讨论。人们在对“整治风暴”拍手称快的同时，也表达了对食品安全问题多发频发的担忧，对保卫餐桌更加强烈的期待。

俗话说：民以食为天。这深刻道出了食品对人类生存和发展的重要性。食品安全，关乎每个人的健康和生命。能否保障食品安全，让人吃得健康、吃得安全，对老百姓来说是“天大的事”。

◎食品安全问题为何多发

近些年，各种食品安全违法信息不绝于耳。每到此刻，人们都会提出这样的疑问：为什么在生活水平大大提高的今天，会突然出现这么多的食品安全问题？

许多国家的发展历程表明，一个国家的食品安全水平与其经济社会发展阶段密切相关。当前，我国正处于发展转型时期，也处于从保障食品供应转向保障食品安全的进程中。这个阶段，食品安全问题往往多发易发。究其原因，主要有以下几个方面。

食品产业小、散、乱突出。我国是食品生产消费大国，食品生产经营者有1000多万户。但产业素质总体较低，80%以上是10人以下的作坊式小企业，还有2亿多农产品种植养殖户。

2011年，全国规模以上食品企业31735家，实现食品工业总产值7.8万亿元，同比增长31.6%，占全国工业总产值比重9.1%。图为世界500强企业中粮集团某生产基地。

如生猪养殖，美国养猪户数为7万，而我国有6700万。生产经营者规模小、数量多、分布散，不仅自身安全管理意识和能力较弱，也给监管带来很大困难。

从业人员素质不高。与其他行业相比，食品行业从业人员素质相对较低。据统计，我国从事农产品生产的3.4亿人中，文盲和小学文化程度者约占40%；食品工业和餐饮行业1600万从业人员中，85%以上是受教育水平相对较低的进城务工人员。从业人员缺乏法律意识和专业技能，加大了违法违规的概率。

百姓心声

- “食”字下面是“良”字，人无良心不为食，食品生产必须是个良心活。
- 食品安全违法犯罪天良丧尽，国家应该实行严刑峻法，使其倾家荡产，真正让不法分子不敢犯法、犯不起法。
- 食品生产经营者的社会责任感最重要。一旦责任感缺失，你生产的“毒豆芽”害了他人，他推销的“地沟油”也有可能伤到你，就会导致害人害已的“恶性循环”。
- 只有严格监管好企业的“出口”，老百姓才能放心地“入口”。
- 监管部门不仅要“主动作为”，更要“科学作为”，改进协调机制，提升技术手段，与时俱进地完善食品安全检测标准，做到“魔高一尺道高一丈”。

违法犯罪成本过低。“法不足畏”，往往使一些人逐利而往、知法犯法。如对不法企业的经济处罚，2011年以前上限为“货值金额十倍以下”或“十万元以下”罚款。2010年查处一起案件时，违法企业总经理叫嚣：“最多判我三年就出来了。”同年另一起“窝案”中，有超过20%的涉案人员属于再犯。

监管存在薄弱环节。与食品安全严峻形势相比，监管执法存在“短板”。如多头管理体制，容易产生“人人都管事、事事无人管”的监管盲区。监管人手不够，执法装备匮乏，“眼观目测”难以发现安全隐患。安全标准、检验检测、风险监测等技术体系还不完善，很难实现事前防范、科学管理。另外，有的执法人员法制观念淡薄，存在有法不依、执法不严现象。

◎ 食品安全现状到底怎样

2012年年初，有两组数据引起人们广泛关注。一组是调查数据：有80.4%的人对食品没有“安全感”；一组是检测数据：国家质检总局发布我国食品检测合格率超过90%。

面对这种情况，很多人不理解，也心存疑惑：当前食品安全形势到底怎么看？事实上，这看似矛盾的两个数据，恰恰反映了当前我国食品安全现状：总体稳定向好，问题不可忽视。

近年来，我国为促进食品安全采取了一系列重大举措。2009年专门颁布《食品安全法》，2010年成立国务院食品安全委员会，2011年建立国家食品安全风险评估中心。与此同时，有关部门和地方积极开展专项整治，大力推进农业标准

2011年以来，有关部门深入开展严厉打击食品非法添加和滥用食品添加剂、“瘦肉精”、“地沟油”违法犯罪等专项整治。在“瘦肉精”整治中，破案156起，抓获犯罪嫌疑人989人，收缴2.4余吨“瘦肉精”；在“地沟油”整治中，侦破案件135起，抓获涉案人员近800人，查实涉案油品6万吨。

化建设，实行产业整顿振兴计划，初步构建了市场准入许可、新品种安全评估、出厂强制检验、日常抽检、风险监测等制度。

农业部监测信息显示，2012年第一季度蔬菜、畜禽产品、水产品、水果合格率分别为97.3%、99.8%、96.5%、96.6%。

经过不懈努力，目前我国食品总体上是有安全保障的。2011年，农产品和粮食检测合格率近99%，加工类食品为95%。虽然一年查处案件的绝对量确实不小，但与目前全国13亿人日消费40亿斤食品的量相比，应该说属于局部性问题。这些统计数据，客观反映了食品安全现状的“全貌”。

既然这样，为什么人们对食品安全的主观感受与之差距甚远呢？这与人们对食品安全问题的强烈关注有关。食品毕竟不同于一般商品，它是人类健康生存最基本的物质条件，我们每

深度解读

国务院食品安全委员会

为切实加强对食品安全工作的领导，国务院设立食品安全委员会，作为高层次议事协调机构，有20个部门参加。主要职责是分析食品安全形势，研究部署、统筹指导食品安全工作；提出食品安全监管的重大政策措施；督促落实食品安全监管责任。下设国务院食品安全委员会办公室，具体承担日常工作。

个人每天都离不开食品。人们对食品安全的关注，自然胜过对一般商品质量的关注。因此，媒体上每曝光一个食品安全问题，都会引起轩然大波，人们都会感到不安和不满。如果一段时间连续出现几次这样的问题，就会给人们造成“没有食品信得过”的感受。

权威声音

食品安全监管责任重于泰山

张勇（国务院食品安全委员会办公室主任）：面对人民群众对食品安全的强烈期待，我们监管责任重于泰山。正因为存在复杂的客观制约因素，食品安全战线更要加倍努力，全员动员、深入一线，及时、坚决、严厉打击违法问题，同时加快构建起长效机制，切实提高食品安全保障能力，使老百姓感受到实实在在的成效。

另外，正确判断我国食品安全现状，还可进行纵向、横向的比较，从而获得更加全面的认识。

从纵向看，安全问题是食品产业“成长中的烦恼”。改革开放前，食品种类单一、供应短缺，维护其质量安全相对容易。今天，食品种类已有28个大类、525个分类，具体品种不可胜数，消费量更是大大增加。如2011年全国肉类消费量比1980年增长了7倍，鲜奶人均消费量增长近30倍。但是相对于数量的扩张，安全保障未能及时跟上。

从横向看，任何国家在食品安全方面都不存在“零风

100多年来，美国食品安全经历了从乱到治的过程。20世纪初出版的小说《屠场》，曾这样描绘芝加哥肉类食品加工厂的状况：“工厂把发霉的火腿切碎填入香肠；工人们在肉腚上走来走去并随地吐痰；毒死的老鼠被掺进绞肉机；洗过手的水被配制成调料。”

险”。毋庸讳言，与发达国家相比，我国食品安全水平存在不小差距。不过，发达国家也大都经历了由乱到治的较长过程。但即便如此，今天也不可能完全杜绝此类事件。如2011年，欧美国家就曾出现了“抗生素超标猪肉”、“沙门氏菌鸡蛋”等。可见，我国的食品安全问题绝不是“个案”，类似问题在其他国家也曾出现。

总之，对食品安全现状要全面、辩证地分析。既要看到问题不少，也要看到总体稳定可控；既要对问题零容忍，也要对举措有信心。稳步提高食品安全水平，任务十分艰巨，需要标本兼治、统筹推进。

◎ 政府监管如何确保到位

食品安全是重大民生问题，也是涉及公共安全的问题。虽然问题食品的出现各有原因，但有一点是共同的，即逃过政府监管“跑出来”的。市场经济条件下，只有加大政府监管力度，才能遏制食品行业中不法分子疯狂逐利的冲动，让群众吃得放心。政府必须承担起这一重要职责，让“监管之手”发挥应有作用。

一段时间以来，我国食品安全监管，实行的是分段监管为

深度解读

国际上通行的三种监管模式

世界卫生组织和联合国粮农组织曾联合发布《保障食品的安全和质量：强化国家食品控制体系指南》，总结了目前不同国家三种主要的监管模式：一是单一机构监管模式；二是多部门监管模式；三是综合监管模式，由独立的机构进行综合管理，并由多个部门分别监管执法。我国目前的监管体制，比较接近于第三种模式。

主、品种监管为辅。比如，企业生产食品由质监部门管，流通销售由工商部门管，餐饮单位由食品药品监管部门管；而农产品、保健品等，则由农业部或其他某一个部门单独管理。

分段监管是为了形成合力。但在实践中，一些部门相互推诿和扯皮，出现了边界不清、职能交叉和监管盲区并存的问题。

为改变这种状况，国务院专门设立食品安全委员会办公室，加强综合协调，同时将工商、质检省级以下垂直管理改为地方政府分级管理，强化地方政府责任，基本理顺食品安全监管的条块关系。各地在加强监管方面也进行了探索，如河北省设置食品安全稽查大队，甘肃省推进“一专三员一岗”制度等。必须进一步完善职权清晰、制度完善、支撑有力、约束有效的监管体系，使监管部门主动监管、能够监管、不敢不管。

权威声音

解决食品安全需抓源头

韩长赋（农业部部长）：解决食品安全，包括农产品的质量安全问题，最重要的有两条：第一，加大农产品质量安全监管力度，完善相关法律法规，健全监管体系，严厉打击，绝不宽容；第二，推进农业标准化生产，只有使农产品生产过程可控、流通过程可追溯，才能从根本上提高农产品的安全水平。

2008年以来，甘肃省逐步在全省实施“一专三员一岗”基层食品监督协管体系。即在原有乡镇食品监管专职干部的基础上，在村一级设立食品协管员、信息员、联络员及食品公益性岗位，加强食品安全宣传、协助日常监管、处置突发事件。

优化监管体制。目前，按照统一协调与分工负责相结合的要求，各省级人民政府都在有关部门分工监管基础上，建立了食品安全的议事协调机构，下一步，地、县级也须尽快建立起来，不断完善食品安全综合协调机制，落实属地管理责任。要逐项划清监管分工和要求，促进各部门、各环节监管措施有效衔接，形成监管合力，堵塞监管漏洞，提高综合监管水平。

完善法律标准。这两年，国家修订发布了一批食品安全法律法规，新制定国家标准1185项。但法律不够细化，现有标准缺失、过时、交叉等问题不同程度存在。必须加强相关法律立、改、废工作，尽快完成标准清理整合，强化标准公信力，到2015年再出台1000项国家和行业标准，形成严密完善的食品安全法律标准体系。

2012年，国家食品药品监督管理局将对餐饮服务单位的食品安全情况进行量化评级，其中动态等级分为优秀、良好、一般三个等级，分别通过大笑、微笑和平脸三种卡通形象向消费者公示，未张贴食品安全等级公示牌的餐饮单位将被曝光。

充实监管力量。力量不足是制约监管的直接原因。目前全国食品安全监管人员有10.7万人，如不计农户和小作坊、小摊贩，平均1人监管100多户生产经营单位，每人日均监管几万斤食品，而且很多机构没有执法车辆和快检设备。必须加强监管队伍和装备建设，推进省、市、县三级监管队伍标准化，配备必需的快检设备、现场调查取证设备和监管业务用车等。

强化技术支撑。“工欲善其事，必先利其器。”食品安全

2011年10月，国家食品安全风险评估中心成立，承担国家食品安全风险评估、监测、预警、交流和食品安全标准等技术支持工作。目前，已构建以31个省级和312个县级监测点为基础的全国食品安全风险监测网络。

监管之“器”在于技术，而最基础的就是风险监测和检验检测。风险监测被称为食品安全的“气象预报员”，可为监管执法、制定标准提供科学依据。应进一步完善风险监测网络，延伸到社区、基层，加强数据分析管理，健全评估预警制度。同时针对“检不了、检不出、检不准”的问题，大幅提高检验检测能力，推进检测资源整合、结果互认，提高隐患排查能力。

严格问责追责。没有问责，监管形同虚设。各地普遍将食品安全工作纳入领导干部政绩考核指标，有的还实行“一票否决”。2011年，全国近4000名国家工作人员因食品安全问题被追究责任。目前，监察部正在制订相关具体规定。今后将进一步加强行政监察，对不作为、乱作为、失职渎职等行为，进行严厉问责。

◎企业第一责任怎样落实

谁生产谁负责，谁经营谁负责，乃天经地义。企业是食品的生产经营主体，也是食品安全的责任主体。《食品安全法》

明确规定，提供安全放心的食品是企业的第一责任。

食品安全，既是消费者的“生命线”，也应成为食品企业的“生命线”。当出现问题食品时，企业不仅会被政府部门依法处理，也会受到市场惩罚。“三聚氰胺”致三鹿破产、“瘦肉精”让双汇元气大伤、黄曲霉毒素使蒙牛股价大跌，都表明保障安全对于企业是何等重要。

因而，每个食品企业都应当好第一责任人。必须树立以质取胜、安全第一的理念，坚持诚信为本，自觉守法经营。同时规范生产经营活动，建立健全内部管理制度，如生产经营过程记录制度、出厂强制检验、索证索票制度、从业人员培训和健康管理制度、不合格食品召回和下架退市制度等，规模以上企业还要设置食品安全管理机构。企业负责人和主要从业人员都应接受每年不少于40小时的集中培训。

当然，企业作为市场主体，追求利润最大化、成本最小化的天性，决定了仅靠自律难以制止一些不良企业的违法行为。当前食品安全领域最突出的问题，就是不法分子不讲诚信，故意制售有毒有害食品。因而，落实企业第一责任，既靠自律，更靠他律，使食品企业“不敢犯法、不能犯法、犯不起法”。

严格市场准入。目前国家已制定食品生产、销售、餐饮服务

专家点评

安全的食品是生产出来的

陈君石（国家食品安全风险评估专家委员会主任委员、中国工程院院士）：安全的食品是生产出来的，不是靠监管出来的，更不是检测出来的，食品生产经营者是第一责任人。理想的状态是过程管理，而不是终端产品的抽样检测，因为最后查到有问题已经晚了。

2011年10月，商务部印发《关于“十二五”期间加快肉类蔬菜流通追溯体系建设的指导意见》，提出争取到2015年年末，基本建成以中央、省、市三级平台为主体的全国追溯管理网络，初步建成覆盖全国百万人口以上城市的肉类蔬菜流通追溯体系，并扩大到畜禽产品、水果、水产品、食用菌、豆制品等主要品种。

三类许可审查制度，近两年清理整顿了一大批企业。以乳制品为例，2011年全国1176家企业中约4成被淘汰，生鲜乳收购站减少34%。今后应继续严格行政许可，严把市场准入关，防止不具备食品安全保障条件的企业进入。同时适度提高门槛，强化证后监管，稳步提升食品企业素质，从源头上减少食品安全隐患。

建立追溯制度。为食品配备“身份证”，记录“前世今生”，是实现全程监管的基础性工作。从2010年开始，商务部试点肉菜流通追溯体系建设，初步建立中央和城市两级追溯管理平台。应进一步完善食品追溯体系，既延长追溯环节，从流通延伸到生产、加工环节；又拓宽追溯领域，从肉菜延伸到食品主要品种，做到源头可追溯、流向可跟踪、责任可追究。

完善信用体系。“业无信不兴。”目前工信部已出台食品工业企业诚信评价体系，开通诚信信息公共服务平台，其中婴幼儿乳粉企业100%建立诚信管理体系。下一步将全面建立各类食品生产经营单位的信用档案，建立诚信信息共享机制和失信行为联合惩戒机制，完善激励约束政策，使失信者“一处失信、寸步难行”。

加大惩处力度。“禁奸止过，莫若重刑。”只有严字当头、重典治乱，才能真正起到警示和震慑作用。2011年通过的《刑法修正案（八）》，将食品安全犯罪处罚从“五年以下有期徒刑”，提高到可判处“死刑”，并且取消了罚金数额的限制，为加大惩处力度提供了一把利剑。今后必须按照从严从快原则，严厉查处食品安全违法违规案件，让不法分子付出高昂代价，使其不敢以身试法。

2011年11月24日，最高人民法院公布4起危害食品安全犯罪典型案例。其中，在备受社会关注的河南“瘦肉精”案中，主犯刘襄被依法判处死刑，缓期两年执行，剥夺政治权利终身。图为“瘦肉精”案审判现场。

◎社会公众如何积极参与

俗话说：“众人拾柴火焰高。”保障食品安全，是政府的责任、企业的责任，同时也需要社会公众积极参与。2011年食品安全案件的查处，90%的线索来自群众举报或消费者投诉。

人人需要安全食品，人人维护食品安全。为此，《食品安全法》专门对相关的社会各方作出了鼓励性或义务性规定。具体来说，就是普通群众、新闻媒体、行业协会等共同参与，发

近年来，各地加大食品安全知识的宣传，通过举办食品安全宣传周等活动，积极营造和谐、成熟和科学的消费环境，提高公众食品安全意识。

挥各自优势和作用，形成维护食品安全的合力。

广大群众积极举报。2011年7月，国务院食品安全办出台《关于建立食品安全有奖举报制度的指导意见》，各地也相继出台具体实施办法，设立专项奖励资金，上海、湖北、江西等地还开通统一举报电话。有关部门正在继续完善鼓励措施，包括健全首接负责制、提高举报线索核查效率、发展群众信息

政策传真

有奖举报范围

1. 在农产品种植、养殖、加工、收购、运输过程中使用违禁药物或其他可能危害人体健康的物质的。
2. 使用非食用物质和原料生产食品，违法制售、使用食品非法添加物，或者使用回收食品作为原料生产食品的。
3. 收购、加工、销售病死、毒死或者死因不明的禽、畜、兽、水产动物肉类及其制品，或者向畜禽及畜禽产品注水或注入其他物质的。
4. 加工销售未经检疫或检疫不合格肉类，或未经检验或者检验不合格肉类制品的。
5. 生产、经营变质、过期、混有异物、掺假掺杂伪劣食品的。
6. 仿冒他人注册商标生产经营食品、伪造食品产地或者冒用他人厂名、厂址，伪造或者冒用食品生产许可标志或者其他产品标志生产经营食品的。
7. 未按食品安全标准规定超范围、超剂量使用食品添加剂的。

——摘自《关于建立食品安全有奖举报制度的指导意见》

员和志愿者队伍等。我们每个人都应积极行动起来，投身到这场“保胃战”中，压缩不法分子的生存空间。

新闻媒体加强监督。媒体已成为披露食品安全违法现象的重要渠道。2011年共披露560余条消息，特别是“瘦肉精”的曝光直接引发了一年多的专项整治。新闻媒体应进一步加强舆论监督，敢于揭露食品安全违法活动。同时，食品安全问题“燃点低”，容易引发公众恐慌，舆论监督应坚持客观、公正，避免失实报道引起负面影响。

行业协会主动引导。行业协会是入会企业的“婆家”，是政府和企业之间的桥梁。西方发达国家都十分注意发挥行业协会的作用，很多国家食品安全标准都是从行业标准而来的，法国零售行业协会在整个食品安全管理过程中扮演着非常重要的角色。实践证明，行业协会良好的自律机制可有效减轻政府的监管压力，有利于食品安全管理工作的开展。我国各类食品行业协会也应发挥贴近企业的优势，加强行业内部约束，引导企业加强自律、遵守法律，杜绝“行业潜规则”，清除行业中的“害群之马”，促进行业持续健康发展。

2012年4月，央视“315”栏目曝光多家蜜饯生产企业严重违规、部分产品添加剂超标的情况，国家质检总局要求各地立即组织专项整治。图为浙江绍兴一家大型超市有毒蜜饯全部撤柜。

改革开放以来，我们用30多年时间解决了人民吃得饱的问题，我们也一定能够解决人民吃得好、吃得安全的问题。随着各项法律政策的完善和监管力度的加强，从田间到餐桌，从牧场到厨房，食品“进口”安全之路会越走越顺畅。

相关链接

《国务院办公厅关于印发〈2012年食品安全重点工作安排〉的通知》，中央人民政府门户网站。

7 从$PM_{2.5}$引起热议说开去

——环境污染如何遏制

$PM_{2.5}$（细颗粒物），这个大家原本很陌生的专有名词，因为2011年10月以来我国多地灰霾天气造成严重大气污染，而迅速成为社会热词。之后，$PM_{2.5}$被纳入新的环境空气质量标准，并在一些地方开始监测。2012年全国“两会”上，$PM_{2.5}$首次写入政府工作报告。全社会对$PM_{2.5}$的关注和重视，折射出当前我国环境污染的严峻性。

环境是人的生存之本、发展之基。让百姓喝上干净的水，呼吸清洁的空气，在良好的环境中生产生活，是关乎社会发展和人民福祉的大事。现阶段，环境问题不仅是经济问题、发展问题，而且是政治问题、民生问题。

◎环境污染为何更趋严重

前两年，有一部灾难片《2012》在国内热映，天崩地裂、地动山摇、火山喷发、洪水肆虐、城市毁灭……这些惊心动魄的场面让无数观众深深震撼。虽然这只是影片虚构的2012年出现“世界末日”的景象，却形象地揭示了破坏环境必将受到大自然惩罚的道理。

灾难片《2012》的电影海报。

应该看到，改革开放30多年来特别是近年来，我们在加强环境保护方面采取了一系列措施，取得了积极的进展，部分流域区域污染治理取得初步成效，部分城市和地区环境质量有所改善，工业产品污染排放强度有所下降。

但是，我们也要清醒地看到，我国环境形势依然十分严峻，

深度解读

$PM_{2.5}$，是指环境空气中空气动力学当量直径小于等于2.5微米的颗粒物，其直径不到人的头发丝粗细的1/20。与较粗颗粒物相比，它大多含有重金属等有毒物质，在大气中停留时间长、输送距离远，可直接进入人的支气管，易引发哮喘、支气管炎和心血管病等，对人体健康和大气环境质量的影响大。$PM_{2.5}$主要来自两个方面，一方面主要产生于日常发电、工业生产、汽车尾气排放等过程中的直接排放，另一方面是氮氧化物、二氧化硫、挥发性有机物等在空气中通过化学反应产生的硝酸盐、硫酸盐等二次污染物。2012年2月，新修订的《环境空气质量标准》增加了$PM_{2.5}$指标。

“十一五”环境污染治理投资情况（单位：亿元）

年份	环境污染治理投资总额	城市环境基础设施建设投资	工业污染源治理投资	建设项目“三同时”环保投资	环境污染治理投资占GDP比重(%)
2006	2566.0	1314.9	483.9	767.2	1.22
2007	3387.0	1467.5	552.4	1367.4	1.36
2008	4490.3	1801.0	542.6	2146.7	1.49
2009	4525.3	2512.0	442.6	1570.7	1.33
2010	6654.2	4224.2	397.0	2033.0	1.66

“十一五”工业“三废”治理效率（%）

年份	工业废水排放达标率	工业二氧化硫排放达标率	工业烟尘排放达标率	工业粉尘排放达标率	工业固体废物综合利用率	“三废”综合利用产品产值（亿元）
2006	90.7	81.9	87.0	82.9	60.2	1026.8
2007	91.7	86.3	88.2	88.1	62.1	1351.3
2008	92.4	88.8	89.6	89.3	64.3	1621.4
2009	94.2	91.0	90.3	89.9	67.0	1608.2
2010	94.7	92.1	90.6	91.4	66.7	1778.5

长期积累的环境问题尚未解决，新的环境问题又在不断产生。发达国家上百年工业化过程中分阶段出现的环境问题，在我国已经集中出现。一些地区环境污染和生态恶化已经到了令人触目惊心的程度。

当前，到底是什么导致环境污染严重呢？究其原因，大致有以下几个方面。

发展方式粗放。我国经济总量虽位列世界第二，但产业水平总体上较低，污染排放多，对环境破坏大。据统计，与发达国家相比，我国每增加单位国内生产总值的废水排放量要高出4倍，一些单位产品污染物排放量要高出10倍以上。这种粗放的发展方式若不改变，环境污染就难以得到根本遏制。

世界面临的主要环境问题

土壤遭破坏；气候变化、能源浪费，温室效应的严重威胁；生物多样性减少；森林面积减少；淡水资源受到威胁；化学污染；大城市的无序扩大损害自然区；海洋过度开发和沿海地带被污染；空气污染；极地臭氧层空洞。

南极冰雪融化速度加快。

经济利益驱动。一些地方在推动发展中，重经济轻环保，为

了追求经济利益，只顾当前，不计长远，考虑局部利益多，着眼全局利益少，有的甚至不惜以牺牲环境来换取经济利益。

执法问责不严。虽然近年来环境法制建设得到加强，环境监管力度加大，但是环境保护中有法不依、执法不严、违法不究的现象时有发生，对环境违法处罚力度不够，导致企业违法成本低，助长了环境污染行为的发生。

体制机制弊病。目前，环境管理职能分散交叉在多个部门，环境保护的统筹协调、统一监督职能仍需加强。地方环保部门实行双重领导、以地方为主的管理体制，不利于地方环保部门独立执法。地方政府的环保责任只限于本行政区，转嫁污染屡禁不止，跨界跨区域流域污染加剧。

环境问题错综复杂，污染行为往往是短期的，但带来的危害是长期的，其解决必然付出高昂代价。国内外发展实践告诉我们，决不能走先污染后治理的老路，必须大力加强生态文明建设，构建资源节约型、环境友好型社会，走出一条生产发展、生活富裕、生态良好的文明发展道路。

◎ 从源头上防治污染怎么着力

人们常说，治污要治本，治本先清源。加强环境保护、遏制环境污染，如果只注意治理已经出现的污染，不从源头抓起，往往是按下葫芦浮起瓢，陷入防不胜防的恶性循环。因此，防治环境污染，必须从源头上抓起，才能起到釜底抽薪的作用。

从源头上防治污染，也是对国际治理污染经验的借鉴。考察世界许多国家治理环境问题的历史，都经历过一个从“末端治理”、“生产过程控制”到“源头防治”的过程。国际社会普遍认为，解决环境问题的治本之策是从源头上减少污染物的排放。

到2015年，我国将确保实现新增水土流失治理面积25万平方公里，力争建设4000万亩高标准梯田，解决3000万群众吃粮问题。截至目前，全国累计初步治理水土流失面积近110万平方公里。

环境问题，涉及诸

多方面，但究其实质而言，是经济结构、生产方式、消费模式和发展道路问题。因此，从源头上防治污染，必须从发展方式上找根源，加快调整经济结构，推动产业优化升级，切实改变资源消耗大、环境污染重的增长模式，全面控制污染物产生。

近年来，各地区各部门深入贯彻落实科学发展观，加快转变经济发展方式，充分运用经济、法律和行政手段，淘汰落后产能。“十一五”期间，我国共关停小火电机组7210万千瓦，淘汰落后炼铁产能12000万吨、炼钢产能7200万吨、水泥产能3.7亿吨，大大减少污染物排放量。

但必须看到，我国转变经济发展方式的任务还很繁重，环境污染防治压力还很大。从根本上遏制环境污染，必须坚持以科学发展为主题，以加快转变经济发展方式为主线，促进环境与经济的协调融合，降低经济发展对环境的破坏。

首先，要积极调整经济结构。这是加快转变经济发展方式的主攻方向，也是从源头上防治污染的根本之策。坚持走新型工业化道路，大力推动产业结构优化升级，加快发展先进制造业、高新技术产业和服务业，形成一个有利于资源节约和环境保护的产业体系。发展循环经济，实现资源产品的循环利用。

权威声音

在发展中保护，在保护中发展，积极探索环保新道路

周生贤(环境保护部部长)：正确处理环境保护与经济发展的关系，把握好二者之间的“度”是社会主义现代化建设进程中的一大难题。发展是解决一切问题的总钥匙，离开经济发展抓环境保护是“缘木求鱼”；资源环境是发展的基础，发展的目的是为人民谋福祉，脱离环境保护搞经济发展是“竭泽而渔”。要坚持在发展中保护，在保护中发展，积极探索代价小、效益好、排放低、可持续的环保新道路。

《中国风电发展路线图2050》显示，到2020年我国风电装机容量将达到2亿千瓦，将满足5%的电力需求。图为河北张北县百里坝头风力发电设备。

严格落实国家产业政策，坚决淘汰落后产能。

大力推进环境科技进步。国际经验表明，保持或改善环境质量，必须依靠科技进步。《国家中长期科技发展规划纲要》已经把发展环境保护相关技术放在优先位置。必须加快落实防治水、气、重金属污染等重大环境科技专项，力争在共性技术、核心技术上取得突破。加大环保技术装备研发力度，提升国产化水平，不断降低治理成本。

实施排放总量控制。“十二五”期间，各主要污染物排放总量都制定了削减指标。现在关键是真抓实干，把工作落到实处。严格落实总量减排目标责任制，以削减氨氮等四项主要污染物为中心，以减排项目为依托，大力推进结构减

专家点评

发展低碳经济势在必行

潘家华（中国社科院可持续发展研究中心主任）：能源安全、环境保护和可持续发展的要求，使发展低碳经济势在必行、迫在眉睫。发展低碳经济，主要有三个途径：一是技术低碳，着力提高能源使用率；二是发展低碳，如用天然气取代煤炭以及使用风能、水能等零碳能源；第三是改变消费习惯，提倡节能的消费意识，减少能源浪费。

2011年12月，国务院公布《国家环境保护“十二五”规划》和《“十二五”控制温室气体排放工作方案》，提出“十二五”期间我国单位国内生产总值二氧化碳排放下降17%，化学需氧量、二氧化硫、氨氮、氮氧化物四项主要污染物排放分别降低 8%、8%、10%、10%。

排、工程减排和管理减排，坚决完成总量削减任务。

此外，还要发挥环境影响评价的重要作用，把好“入口关”。要严格项目环评，从严控制高耗能、高污染、资源性项目，以及低水平重复建设和产能过剩建设项目。大力推进战略环评，加强流域、水利水电等领域的规划环评，推广应用环渤海沿海地区、海峡西岸经济区等五大区域战略环评成果，促进区域重点产业与资源环境协调发展。

◎环境执法力度怎么加大

在浙江某地，当环保部门检查一家企业时，企业主当场拿出120万元，对执法人员说：“我把一年的罚款都给你，今年就不要来查了！”这样的尴尬场面，各地环境执法人员经常遇到。一位基层执法人员大倒苦水：“企业违法排放一次污水，环保局顶多罚10万元，但执行周期需要四五个月。很多企业就是跟我们拖，跟我们耗，违法成本实在太低。”

对环境违法处罚力度不够，违法成本低，客观上造成了“企业无赖，环保无奈”的现象。当前，我国已建立起国家、省、市、县四级环境执法体系，环境执法能力和水平正在不断提高，但是从现实看，受各种因素制约，国家监察、地方监管、单位负责的环境监管体制有待进一步理顺，环境执法制度、机制、程序还不完善，执法能力相对薄弱，“环境执法难”在全国普遍存在。

“十二五”期间，我国将加强环境执法监管体系建设，加大环境执法力度，着力加强重点流域、区域、行业和重要时期的执法监管，城市和重点工业污染源的执法监管等。图为执法人员对污水进行取样抽检。

要解决这一问题，必须通过实行最严格的环保制度，以完善保护环境的各项法律法规为重点，用“铁腕”严厉打击环境违法行为，切实加大对污染者的处罚力度，决不允许环境违法者逍遥法外。

健全环境法规。立法是依法保护环境的根本。我国现行的《环境保护法》颁布实施了20多年，一些内容已不能适应新形势需要，一些新出现的问题在现行法律中又没有明确规定，一些领域存在着无法可依的情况。当前，《环境保护法》正在进行修改，必须以此为契机，构建覆盖环保工作各个方面，门类齐全、功能完备、措施有力的环境法规标准体系，从根本上解决“无法可依”的问题，切实把环境保护纳入法治化轨道。

坚持严格执法。“天下之事，不难于立法，而难于法之必行。”严格执法是依法保护环境的手段，是环境保护法律落实的关键。要加强重点流域、区域、行业的执法监管，加强城市和重点工业污染源的执法监管，持续深入开展环保专项行动。实施跨行政区执法合作和部门联动执法，敢于碰硬，做到对各类环境违法行为发现一起，查处一起，绝不手软。

加大处罚力度。环境污染事件屡禁不止，一个重要原因在于法律惩罚力度疲软，没有让污染环境者付出更大成本。比如，四川沱江特大污染事故造成经济损失高达2亿多元，但肇事企业仅被罚款100万元。当前，必须加重罚则，使罚款额与治污成本、污染物排放量、违法行为持续时间、污染造成的损失等因素挂钩，震慑违法行为。对于拒不改正的企业，可以依法责令停产或取缔。对造成重大污染损失的，应依法追究刑事责任。

◎ 突出环境问题怎么破解

2010年，某地矿区污水池渗漏造成周边水域污染，居民不得不抢购纯净水。

近年来，云南省在推进城镇建设中，坚持生态优先，提出“城镇上山”，倡导多用坡地、荒地搞建设，杜绝填水、毁林，减少对环境造成的破坏。图为美丽的怒江州福贡县城。

2011年，某石油企业海上作业不慎，导致大面积海域污染，生态环境和渔业资源受到重创。

2012年，某蓄电池企业违法排污，儿童吸入铅污染的空气和进食铅污染的食物后导致血铅超标。

……

近年来，由水、空气、重金属、化学品污染引发的突发环境事故时有发生，一些地区污染排放大大超过环境容量，严重危害人民群众身体健康，影响社会和谐稳定。

我国目前尚有部分人口饮用不合格的水，大量的城市人口呼吸着受到污染的空气。我们要在2020年全面建成小康社会，最重要的标志之一、也是最大的制约因素之一就是生态环境。

当前和今后一个时期，必须把解决损害群众健康的突出环境问题摆在环境保护的重要位置，进一步强化环保为民的理念，积极回应人民群众的关切，认真抓好水、空气、重金属污染等防治工作，切实改善环境质量，增进人民群众的福祉。

百姓心声

- 既要金山银山，更要绿水青山；不要沙粒拂面，勿让酸雨绵绵。
- 别让眼泪成为地球上的最后一滴水。
- 保护环境，从我做起。在抱怨环境问题时，也该扪心自问："我做到了吗？我做好了吗？"
- 破坏环境，祸及千古；保护环境，功盖千秋。
- 天空是蓝蓝的，那是小鸟自由飞翔的家；河流是清清的，那是鱼儿欢快畅游的家；祖国大地是绿绿的，那是亿万人民充满幸福的家。

抓好水污染防治。2012年1月，国务院下发《关于实行最严格水资源管理制度的意见》。应贯彻落实好意见精神，以水资源配置、节约和保护为重点，促进水资源可持续利用。现在

2012年7月1日起，《生活饮用水卫生标准》将全面实施，该标准与国际接轨，检测指标达106项。为使水质符合新国标要求，各地通过加强水源地保护、对自来水厂进行技术改造等方式，努力确保饮用水安全。图为海南省琼海市新建成的自来水厂蓄水池。

一些地区中小河流和沟渠有水皆污，地方政府要高度重视水系治理，加强饮用水水源保护。通过财税优惠、项目倾斜等措施，鼓励一些地方率先摘掉流域水污染严重的帽子，让其休养生息。进一步提高城市污水处理率，“十二五”期末全国城市要平均达到85%以上，东部发达地区城市要超过90%。

抓好空气污染防治。近年来我国城市空气环境质量令人忧虑，区域性阴霾问题越来越突出。要完善大气污染联防联控机制，实施多污染物协同控制，打响一场以降低$PM_{2.5}$浓度为重点、提升空气质量的攻坚战。积极推广清洁能源，大力削减污染物排放总量。加强机动车污染防治，提升车用燃油品质。按照新环境空气质量标准抓好监测，“十二五”期间，全国338个地级以上城

与环境有关的纪念日

2月2日	国际湿地日
3月12日	中国植树节
3月22日	世界水日
3月23日	世界气象日
4月22日	地球日
5月22日	国际生物多样性日
5月31日	世界无烟日
6月5日	世界环境日
6月17日	世界防治荒漠化和干旱日
6月25日	中国土地日
7月11日	世界人口日
9月16日	国际保护臭氧层日
10月4日	世界动物日
10月16日	世界粮食日

2011年我国机动车保有量为2.25亿辆，机动车污染成为大气环境最突出、最紧迫的问题。越来越多的群众以实际行动倡导绿色出行。

市将分阶段形成$PM_{2.5}$、一氧化碳和臭氧等新增指标的监测能力，及时发布信息，满足公众的环境知情权。

抓好重金属污染防治。近年来，重金属污染事件呈高发态势。仅2011年，全国就发生11起重金属污染事件，其中9起为血铅事件，对人们身体健康构成严重威胁。当前，应进一步加强重金属污染防治，对重点防控区域、行业和企业采取综合措施，严禁新增重金属污染物排放建设项目，对造成污染的重金属企业，实行限期治理、停产治理和限产限排等。

此外，农村环境保护、化学品和危险废物处理、垃圾围城和城市噪声等突出环境问题，直接影响到人民群众生活，老百姓反映比较强烈，也必须采取有力措施加以解决。

◎环保长效机制怎么构建

在一些地方，环境保护面临尴尬境地：虽然花了很大力气去治理环境污染，但污染问题依然照旧，甚至还有加重趋势。

之所以这样，原因很多，归根结底是没有形成环境保护的长效机制。我国环境保护已经进入一个新的历史阶段，环境保护的很多管理制度和管理模式，不能适应形势需要，必须探索建立有利于保护环境的长效机制，形成党委领导、政府负责、相关部门各负其责、环保部门统一监管、全社会共同参与的工作格局，走出一条“代价小、效益好、排放低、可持续”的环保新道路。

落实政府责任，发挥主导作用。基本的环境质量是一种公共产品，是一条底线，是政府应当提供的基本公共服务。地方政府要对环境质量负总责，把环境保护摆上议事日程。建立环境保护目标管理责任制，制定生态文明建设的目标指标体系，纳入地方经济社会发展评价范围和干部政绩考核，实行环境保护一票否决制。对于因决策失误、监管不力造成重大环境污染事故的，要严肃追究责任。

完善政策措施，创造良好条件。各级财政要把环保投入列

入年度预算，保持合理增长。完善中央财政转移支付制度，加大对中西部地区、民族自治地方和重点生态功能区环境保护的转移支付力度。建立健全有利于环境保护的价格、税收、贸易、信贷、土地和政府采购等政策体系。完善生态补偿政策，建立生态补偿机制。

政策传真

实行环境保护一票否决制

制定生态文明建设的目标指标体系，纳入地方各级人民政府绩效考核，考核结果作为领导班子和领导干部综合考核评价的重要内容，作为干部选拔任用、管理监督的重要依据，实行环境保护一票否决制。对未完成目标任务考核的地方实施区域限批，暂停审批该地区除民生工程、节能减排、生态环境保护和基础设施建设以外的项目，并追究有关领导责任。

——摘自《国务院关于加强环境保护重点工作的意见》

引入市场机制，用好经济杠杆。污染治理不能单纯依靠法律和行政力量推动，积极发挥市场作用是长久之计。坚持“污染者负担、治理者受益”的原则，全面实施城市污水、生活垃圾处理收费制度，鼓励社会资本参与污水、垃圾处理等基础设施的建设和运营。推行排污许可证制度，开展排污权有偿使用和交易试点，建立国家排污权交易中心，发展排污权交易市场。

健全监测体系，织密防控网络。环境监测是环境管理的耳目，是参与环境与发展综合决策的依据。监测数据是环保部门最

2011年，上海市环保投入占地区生产总值比例继续保持约3%。据该市环境监测中心数据显示，全年空气质量优良天数达337天。图为蓝天下的上海浦东陆家嘴。

大的资源。必须集中力量加强先进环境监测预警体系建设，加大风险隐患排查和评估力度，把环境污染事件消灭在萌芽状态。完善环境监测网络，强化监测站标准化建设，扩大监测范围。建立快速高效的环境事故应急监控和突发事件预警体系。

环境保护是涉及人人的事业，必须动员全社会参与。大力开展环境宣传教育，增强全民环保意识，在全社会形成保护环境的良好氛围。每个公民、每个家庭、每个单位、每个社区都要从自身做起，自觉遵守环境法规，从力所能及的事情做起，共同创造一个美好家园。

相关链接

1.《国务院关于加强环境保护重点工作的意见》，中央人民政府门户网站。

2.《国家环境保护“十二五”规划》，中央人民政府门户网站。

8 潮平风正扬帆进

——反腐倡廉如何深化

2012年2月16日，被称为“行贿黑名单”的行贿犯罪档案查询系统，正式实现全国联网。凡被查询到有行贿记录的个人和企业，都将在一定年限内被取消参与工程投标、政府采购等活动的资格。此项反腐技术的“升级”，将有助于预防腐败行为的发生。包括这一举措在内的反腐倡廉政策措施的推出，表明我们党反腐力度正在不断加大。

执政党的最大危险就是腐败。坚决惩治和有效预防腐败，关系人心向背，关系党的生死存亡，是我们党必须始终抓好的重大政治任务，也是必须打好的一场硬仗。

◎反腐败形势为何依然严峻

腐败问题，是人们高度关注的热点话题，对这个问题的议论很多，认识也不尽一致。那么，应该怎样看待我们面临的反腐败形势呢？

客观来讲，现阶段我国的反腐败斗争，一方面成绩显著，另一方面形势严峻，呈现出成效明显和问题突出并存的复杂局面。

说成绩显著，我们有“一本账”。一是从严惩治显威力。始终保持惩治腐败高压态势，有案必查、有腐必惩，2010—2011年全国纪检监察机关立案277480件，处分289410人，查办了一批大案要案，彰显了我们党从严反腐的决心和力度。二是专项治理见成效。集中整顿商业贿赂、“小金库”、公款出国（境）旅游及工程建设等领域突出问题，严查安全生产、环境保护、征地拆迁、食品安全等方面侵害群众利益的案件。三是廉政教育筑防线。深入开展理想信念和廉洁从政教育，加强廉政文化建设，营造了廉荣贪耻的氛围。四是制度之网更严密。推进干部人事制度、行政审批等方面改革，工程招投标、土地出让等领域制度规范更加完善。对此，群众给予积极评价。调查显示，2003—2011年，群众对防治腐败成效满意度从51.9%

深度解读

行贿犯罪档案

行贿犯罪档案，是指检察机关为预防贿赂犯罪，促进社会信用体系建设，运用计算机对行贿犯罪信息进行分类录入、存储和管理而形成的档案，主要包括发生在建设、金融、医药卫生、教育和政府采购领域的个人行贿、单位行贿、对单位行贿、介绍贿赂犯罪的案件。2012年2月16日，全国行贿犯罪档案查询系统正式在全国联网开通，各级检察机关可在本地完成对全国范围内行贿犯罪档案的查询。

广东省江门市纪委、监察局举办由干部群众自编自演的廉政专题文艺汇演，并通过党员干部现代远程教育网络进行直播，受到热烈欢迎。图为该市反腐倡廉校园教育基地的学生演出舞蹈《红旗颂》。

提高到72.7%。

说形势严峻，我们也有“一本账”。当前腐败现象依然易发多发，呈现几个突出特点：

发案率高。近几年来，违纪案件数量始终在高位运行，全国纪检监察机关立案每年都在13万件左右，受到党纪政纪处分的党员干部每年都在14万人左右，移送司法机关处理的5000多人。

涉案金额高。很多腐败分子贪污受贿动辄几十万、几百万，甚至上千万、上亿，给国家和人民财产带来巨大损失。2007—2011年，北京市查处的腐败案件中，涉案金额百万元以上的达165人，千万元以上的达26人。

腐败分子级别高。近年来查处的腐败案件中，不乏官至厅局级的领导干部，就连省部级干部也不鲜见。2010年、2011年两年间，移送司法机关的省部级干部和中管企业主要负责人9

人，社会影响十分恶劣。

查处难度高。腐败作案手段隐蔽化、智能化、期权化现象突出，新兴经济领域案件和利用高新技术手段作案呈上升趋势，跨地区跨国境及涉外案件增多，给及时揭发、查处增加了不少困难。

特别是最近一些地方反映出来的问题值得警醒。个别领导干部私欲膨胀，蔑视党纪国法，滥用权力为所欲为，严重违反了党的纪律，给党和国家的事业带来了损失，对党和国家的形象造成很大损害。

百姓心声

- 腐败是人民的大敌，是党的大敌，也是国家的大敌。
- 腐败往往是主观和客观防线双双失效的结果，没有自律的权力，必然走向异化；没有监督的权力，必然走向腐化。
- 腐败是祸事前因，幸福是勤廉结果。
- 加强廉政文化建设，让“有形之手”和“无形之手”同时发力，刚柔并济。
- 反腐倡廉常思常想，权力运行确保阳光。不义之事千万别想，一步走错难逃法网。

当前，我国正在经历经济社会的深刻变革。历史经验表明，这一时期往往是腐败高发期，诱发腐败的原因十分复杂。一是体制漏洞。在发展转型过程中，不少领域的体制机制还不健全、不完善，为腐败的滋生蔓延留下空间。二是利益诱

廉洁从政“八个禁止”

- 禁止利用职权和职务上的影响谋取不正当利益。
- 禁止私自从事营利性活动。
- 禁止违反公共财物管理和使用的规定，假公济私、化公为私。
- 禁止违反规定选拔干部。
- 禁止利用职权和职务上的影响为亲属和身边工作人员谋取利益。
- 禁止讲排场、比阔气、挥霍公款、铺张浪费。
- 禁止违反规定干预和插手市场经济活动，谋取私利。
- 禁止脱离实际，弄虚作假，损害群众利益和党群干群关系。

惑。面对社会和他人财富增长，一些党员干部心理失衡，经受不住不法分子的拉拢、腐蚀，陷入权钱交易的泥沼。三是权力失控。一些地方和部门对权力的监督存在缺位和弱化问题，难以有效防范权力滥用和腐败现象的发生。四是官德失守。一些党员干部放松世界观改造，在封建主义思想残余和资本主义腐朽观念侵蚀下，思想防线溃败，跌入腐败深渊。

对当前的反腐败斗争形势，看不到取得的显著成绩，就会丧失信心，认为腐败无法根治；看不到目前的严峻形势，就会盲目乐观、放松警惕，使腐败现象更加猖獗。因此，我们既要坚定必胜信心、加大工作力度，又要防止“急躁症”、“速胜论”，深入持久地把反腐败斗争进行下去。

◎ 惩防体系怎么完善

俗话说，攥紧的拳头力量大。反腐败也是一样，只有综合施治、多措并举、整体推进，才能给腐败行为以沉重的打击，取得最好的反腐效果，而不能寄希望于“一招制胜”。

我们党在深入总结历史经验、科学判断形势的基础上，作

政策传真

2012年党风廉政建设和反腐败工作的四项重点任务

1. 严明党的纪律，加强对中央重大决策部署落实情况的监督检查。
2. 加强党的作风建设，进一步密切党群干群关系。
3. 加强惩治和预防腐败体系建设，深入推进反腐倡廉各项工作。
4. 进一步加大专项治理力度，切实解决反腐倡廉建设中人民群众反映强烈的突出问题。

——摘自《第十七届中央纪委第七次全体会议公报》

出建立健全惩治和预防腐败体系的战略决策。这个体系是一张严密的“天网”，把教育、制度、监督、改革、纠风、惩治统一起来，涵盖了党风廉政建设和反腐败斗争的主要任务，以达到让党员干部“不想贪、不能贪、不敢贪”的效果。建立健全惩防体系，是新形势下防治腐败的根本之举。

近年来，惩防体系建设稳步推进，在查办案件、思想教育、权力监控和源头治理等方面取得重要进展。但也要看到，建立起完善的惩防体系，是一项复杂系统工程和长期战略任务，目前工作中还存在一些薄弱环节，体系的综合效应还没有充分发挥出来。应该把惩防体系建设摆在反腐倡廉建设更加突出的位置，加强顶层设计和统筹规划，不断构筑起惩治和预防腐败的全方位战略屏障。

党风党性教育是惩防体系建设的重要内容。

加强系统防治。“链条定律”告诉我们，一根链条的强度，取决于每一节链条的强度，如果其中一节链条不够结实，整根链条强度就会受到影响。建立健全惩治和预防腐败体系，不能搞“头痛医头、脚痛医脚”，必须整体推进各方面工作，把教育的说服力、制度的约束力、监督的制衡力、惩治的威慑力结合起来，形成整体效能和强大力量。

政策传真

2012年纠风工作重点治理六项乱收费

1.坚决纠正大型零售企业向供应商违规收费问题。
2.坚决纠正物流领域乱收费问题。
3.坚决纠正银行业金融机构乱收费问题。
4.坚决纠正电信行业乱收费问题。
5.继续坚决纠正教育乱收费问题。
6.继续坚决纠正涉农乱收费问题。

推进制度建设。制度问题更带有根本性，制度建设是惩防体系的主要任务。必须把近年来行之有效的方法以制度形式固定下来，形成工作常态。建立健全反腐倡廉教育机制、权力运行监控机制、改革推进机制、纠风匡正机制、惩治警戒机制、工作保障机制，逐步形成内容科学、程序严密、配套完备、有效管用的反腐倡廉法规制度体系。进一步完善保障制度落实的工作机制，提高反腐倡廉制度的执行力。

把握关键环节。“打蛇就要打七寸”，惩防体系建设也要掐住要害，抓住关键，集中力量解决重点领域和关键环节的突出问题。当前，要围绕人事权、司法权、行政审批权、行政执法权等权力，制定预防和治理腐败的有效措施。抓住工程建设、房地产开发、土地批租和产权交易等重点领域，针对容易滋生腐败的环节，加强制约和规范。

形成反腐合力。建立健全惩防体系，是全党全社会的共同任务。近年来，我们逐步完善了“党委统一领导，党政齐抓共管，纪委组织协调，部门各负其责，依靠人民群众支持参与”的反腐败领导体制和工作机制，对于惩治和预防腐败起到很好的效果。下一步要继续拓宽工作渠道，加强力量整合，多方共谋，群策群力，共同筑起反腐倡廉的铜墙铁壁。

◎领导干部监督怎么强化

近年来，领导干部特别是“一把手”的贪腐问题，越来越受关注。据统计，2011年，全国纪检监察机关共处分县处级以上干部4843人，其中移送司法机关的有777人。据对这777人进行分析，被惩处的领导干部中“一把手”占相当大的比例。

2011年，四川省泸州市江阳区对新提拔的领导干部集中进行廉政“套餐”教育：看一部廉政光碟、读一套廉政书籍、听一堂廉政党课、签一份廉政承诺、作一次廉政宣誓、写一篇廉政心得。图为集体廉政宣誓现场。

为什么领导干部特别是“一把手”腐败问题如此突出？究其原因，其中最为重要的一点，就是他们手中的权力过于集中，而又得不到有效的制约和监督。正如近来被查处的一位“一把手”在案发后曾说：“官做到我这一级，就没什么人能管得着了。”因此，我们党反复强调要加强对领导干部特别是“一把手”的监督。

近年来，中央针对这一问题采取了一系列重大举措。如发布《中国共产党党内监督条例（试行）》，中央纪委、监察部对派驻机构实行统一管理，建立和完善巡视制度等。这些措施的实施，已经取得积极成效。但从查处的一些腐败案件看，在不少地方和部门仍然存在监督缺位或流于形式的问题。必须进一步加大对领导干部的监督力度，给权力戴上“紧箍”。

专家点评

干部监督关键靠体制

任建明（清华大学廉政与治理研究中心主任）：对于如何建立健全权力运行制约和监督机制，加强对领导干部特别是主要领导干部的监督问题，没有什么灵丹妙药，需要从多个方面进行努力。其中最重要的一个方面，就是建立决策权、监督权、执行权相互制约、相互协调的体制。

强化对领导干部的监督，关键在于制约权力。要建立科学的权力制衡机制，完善监督制约权力的法律体系，全面推进廉政风险防控，从决策和执行等环节加强对权力的监督，保证领导干部手中的权力真正用来为人民谋利益。在此基础上，构建起多元化、立体式的监督体系，增加权力使用的透明度，让权力在阳光下运行。

上级监督要到位。这是最具权威性的监督。目前中央和全国31个省区市以及新疆生产建设兵团党委都建立了巡视制度，

深度解读

何为“巡视制度”

巡视制度，是指中央和省、自治区、直辖市党委，通过建立专门巡视机构，按照有关规定对下级党组织领导班子及其成员进行监督的制度。近年来查处的陈良宇、侯伍杰、杜世成、黄瑶、宋勇等案件的部分线索，就是中央巡视组在巡视中发现的。实践证明，巡视已经成为纪检监察机关查办腐败案件的重要线索来源。

定期派出巡视组到所辖地区，对下级党组织领导班子及其成员进行监督，这一举措对于促进领导干部秉公用权起到很大作用。下一步，要通过加强巡视工作等措施，及时了解下级党组织和领导干部廉洁从政的情况，有针对性地解决存在的问题。

同级监督要落实。领导干部是如何行使权力的，同级之间最熟悉，相互监督更直接、更有效。要认真贯彻执行民主集中制，坚持集体领导和个人分工负责相结合的制度，凡属方针政策性的大事、全局性的问题以及重要干部的推荐、任免和奖惩，必须由集体讨论作出决定。充分发挥民主生活会的预防和监督功能，不断增强领导班子解决自身问题的能力。

社会监督要加强。毛泽东同志曾指出：“只有让人民来监督政府，政府才不敢松懈。只有人人起来负责，才不会人亡政息。”要把领导干部的作风、行为置于人民群众“雪亮的眼睛”的注视下。目前我们大力推行的党务、政务公开以及一些地方开展的行风热线、群众评议等活动，都是接受群众监督的好形式。应进一步扩大监督的视野和范围，畅通群众反映问题的渠道，建立健全群众参与机制，注重发挥新闻媒体的监督作用。

◎ 群众反映强烈的突出问题怎么解决

蚁穴失察必溃大坝，小贿不管定成巨贪。有一些腐败现象，诸如不合理的“三公”消费、私设“小金库”、吃拿卡要等，虽然看起来不是大案要案，但这些问题经常发生在群众身边，人们感受更直接、更深刻，反映十分强烈。

近年来，针对这些突出问题，中央和各地采取有效措施加以解决，取得明显成效。比如，2011年，在“小金库”治理中，全国清理纠正“小金库”8202个，涉及资金28.46亿元。在商业贿赂专项治理中，全国共查办商业贿赂案件1.58万件，涉案金额48.1亿多元。

“三公”消费，指政府部门人员因公出国（境）经费、公务车购置及运行费、公务招待费的总称。2011年国务院常务会议明确要求中央各部门公开“三公”经费。目前已有90多个部门公布相关情况，各地也在逐步推开此项工作。图为云南省昆明市启动公车改革试点后封停的千余辆公车。

但也要看到，目前这些领域的问题仍然比较突出，解决力度离群众的期望还有很大的差距。我们必须高度重视，从维护党和政府形象、巩固党的执政基础的高度来看待这些问题，将其摆在反腐败全局更加突出的位置，进一步加大工作力度，以实实在在的成效取信于民。

狠抓专项治理。这是解决群众反映强烈的突出问题最有力的手段。要把集中专项治理与加强日常管理监督结合起来，

权威声音

扎实推进工程建设领域突出问题专项治理工作

马馼（中央纪委副书记、监察部部长）：着力解决招标投标环节的突出问题，严格禁止权力介入；着力解决工程建设质量和安全管理等方面的突出问题，确保保障性住房等民生工程的质量安全；全面推进工程建设项目信息公开和诚信体系建设，使守信行为受到激励、失信行为受到惩戒。

全国"小金库"治理工作经验交流电视电话会议现场。

巩固治理"三公"消费、"小金库"等取得的成果。同时要深入推进工程建设领域突出问题专项治理，切实抓好庆典、研讨会、论坛过多过滥问题专项治理，继续深化对公务用车问题的专项治理。对专项治理中发现的问题，要督促有关部门及时解决，确保取得良好效果。

严查身边腐败。发生在群众眼皮底下的腐败，群众深恶痛绝。必须坚决防治侵害群众合法权益问题，严肃处理侵占挪用惠民资金问题，打击参与、支持和纵容黑恶势力欺压百姓的

专家点评

"蚁贪"的危害不可小视

林喆（中央党校政法部教授）："蚁贪"像蚂蚁一样，一点一点地蚕食公共财物，同时他们又并非一两个，而是成窝成群，数量极大，产生的危害非常大。他们的贪腐行为不仅具有很强隐蔽性，而且容易被其他官员效仿，同时他们又处在基层，直接影响党在群众中的形象。

行为。规范基层执法行为，解决执法态度粗暴、方法简单等问题。推进政务服务体系建设，严肃处理滥用职权、以权谋私、吃拿卡要等行为。畅通群众诉求表达渠道，及时了解群众疾苦，切实帮助他们解决实际问题。

建立长效机制。解决群众反映突出的腐败问题是一场持久战，不可能“毕其功于一役”。必须认真总结这些年来的实践，把一些成熟的经验、做法上升为制度，提升工作规范化水平，防止同类问题反复发生。积极发动广大党员群众参与长效机制的建立，广泛听取党员群众的意见，把党员群众是否满意作为衡量建立健全长效机制工作成效的重要标准。

◎ 我们为什么有信心解决腐败问题

近年来，随着一大批大案要案的查处，广大人民群众拍手称快，但也有一些人感到困惑甚至失望，认为腐败越反越多，已经积重难返，成为无法根除的“不治之症”。对此，应该怎么看呢？

“贪如火，不遏则自焚；欲如水，不遏则自溺。”坚决反对和防治腐败，是我们党面临的严峻考验。无论反腐败的任务多么艰巨，我们党反腐败的决心都不会有丝毫动摇，而且一定能够有效遏制腐败现象滋生蔓延。对此，我们应该充满信心。

信心源于我们党旗帜鲜明的反腐立场。马克思主义政党的性质和宗旨，决定了我们党没有自己的特殊利益，与各种消极腐败现象水火不容。要承认，在市场经济条件下，党不是生活在真空中，极少数意志薄弱的党员干部在利益诱惑面前容易腐败堕落。对此，我们党始终保持清醒头脑，对腐败行为一查到底、绝不姑息，绝不容许党的肌体受到侵蚀。

信心源于各方面体制机制的不断健全。腐败现象的发生与制度不健全、改革不到位密切相关。随着改革的不断深化和社会主义市场经济体制的不断完善、民主政治的不断发展、法制的不断健全，将实现用制度管权、按制度办事、靠制度管人，从而有力清除腐败滋生的土壤，让违法违纪者无隙可乘。

信心源于更加完善的反腐败战略和举措。这些年来，我们形成了符合国情的反腐倡廉指导思想、基本原则、工作方针、工作格局、领导体制和工作机制，惩治和预防腐败体系逐步健全。这将使反腐利剑越来越锋利，让腐败分子难逃惩罚。有国际反腐专家说，“中国式反腐道路，为许多发展中国家提供了新的参照和方向，提供了现实、可行的经验”。

2012年1月16日，人民网开播“反腐倡廉在线访谈”栏目，旨在打开一个窗口，更好地宣传反腐倡廉方针政策和工作部署；拓宽一个渠道，更好地使广大网友参与反腐倡廉建设。图为首场访谈节目现场。

信心源于人民群众的坚定支持和积极参与。人民群众对腐败现象深恶痛绝，衷心拥护我们党反腐倡廉。据统计，全国检察机关立案侦查案件中，70%来自群众举报，许多大案要案侦破也离不开群众的参与。紧紧依靠人民群众，反腐倡廉的钢铁长城必将更加坚不可摧。

“千仓万箱非一耕所得，干天之木非旬日所长。”只要我们一步一个脚印，积小胜为大胜，就一定能够切除腐败这个毒瘤，使缕缕清风吹拂我们生存的这块净土，让“廉花”盛开。

相关链接

1.《胡锦涛在十七届中央纪委七次全会上发表重要讲话强调 切实做好保持党的纯洁性各项工作 深入推进党风廉政建设和反腐败斗争》，《人民日报》2012年1月10日。

2. 贺国强：《统一思想认识 加大工作力度 坚定不移将党风廉政建设和反腐败斗争引向深入——在中国共产党第十七届中央纪律检查委员会第七次全体会议上的工作报告》，《人民日报》2012年2月20日。

后 记

参加本书起草和修改工作的有：何亦农、李雪慧、郭宇光、王君琦、王道勇、沈壮海、李亚彬、孙春晨、朱恒鹏、张琦、朱昔群、常培育、吕炜、王小广、范跃庚、车钊、景佳佳、陈俊、程有全、李乾源、林玉、卢嘉、储朝晖、杨银付、安雪慧、李春华、王国伟、查玮、王虎峰、涂艳国、葛晨虹、曹雁平、王炜、王泽应、胡小松、潘家华、叶志华、刘月霞、陈金芳、辛鸣、刘春、王炳权、方鸿琴、毛昭辉、夏伟东、吴潜涛、颜晓峰、周宏春、吴舜泽、张斌贤、饶克勤、曾利明、赖德胜、卢周来、郑思齐、浦湛、吴永宁、沈群、郭波莉、杨雪冬、洪向华、贺亚兰、刘世军、庞玉红、金虎、黄迪问、邓清柯、王骏飞、戴世平、郭海军、李泓磊、李华、张含、孙剑、张信国、吕宏、陶瑞、周国文、韩巨龙等同志。杨章裕、徐春生、田园、侯军等同志自始至终参加了调研、起草、修改和统稿工作。

本书在编写过程中，得到了中央有关部门和部分单位负责同志以及专家学者的大力支持。中央纪委、国家发展改革委、教育部、环境保护部、住房和城乡建设部、卫生部、中国社会科学院、国务院食品安全办等有关部门和单位，李玉赋、何毅亭、王晨、李景田、冷溶、张研农、袁贵仁、蔡武、蔡赴朝、柳斌杰、王伟光、谢伏瞻、李从军、杜金才、赵胜轩、江小涓、李宝善、武寅、侯云春、李君如、许志功、姚景源、罗国杰等同志提出了宝贵的意见。本书编写工作由甄占民、周爱兵同志主持。

编　者

2012年6月